U0164165

盛清詩壇的奇流

——鄭板橋詩歌及其思想

胡倩茹 著

文 史 哲 學 集 成
文史哲出版社印行

國家圖書館出版品預行編目資料

盛清詩壇的奇流：鄭板橋詩歌及其思想 / 胡倩茹著. -- 初版 臺北市：文史哲, 民 102.07
頁；公分（文史哲學集成；641）
參考書目：頁
ISBN 978-986-314-130-3（平裝）

1.（清）鄭燮 2.清代詩 3.詩評

851.474 102014740

文史哲學集成 641

盛清詩壇的奇流

— 鄭板橋詩歌及其思想

著 者：胡 倩 茹
出版者：文 史 哲 出 版 社
http:// www.lapen.com.tw
e-mail：lapen@ms74.hinet.net
登記證字號：行政院新聞局版臺業字五三三七號
發行人：彭 正 雄
發行所：文 史 哲 出 版 社
印刷者：文 史 哲 出 版 社
臺北市羅斯福路一段七十二巷四號
郵政劃撥帳號：一六一八〇一七五
電話886-2-23511028・傳真886-2-23965656

實價新臺幣三二〇元

中華民國一〇二年（2013）七月初版

ISBN 978-986-314-130-3 00641

盛清詩壇的奇流

— 鄭板橋詩歌及其思想

目 次

前　言

未識頑仙鄭板橋，其人非佛亦非妖，晚摹瘞鶴兼山谷，別闢臨池路一條。

這首清文人蔣士銓所寫的一首詩[1]，正是鄭板橋的最佳寫照。

鄭板橋，名燮，字克柔、近人。別號有板橋道人、風子、樗散人、鄭大、爽鳩氏、所南翁後、徐青藤門下牛馬走、老畫師等等[2]。他是清代的大藝術家，也是揚州八怪代表人物，具有詩、書、畫三絕的才情，以及「不肯從人法」[3]的個性。這位兩百多年前，特立獨行於清朝的一代奇人，爲何被稱爲頑仙？他那非佛亦非妖的風格，在清代文人才子輩出的盛世中，又如何「別闢臨池路一條」呢？怪奇不俗，通常這是板橋首先吸引人的地方。

---

1 【清】蔣寶齡著，《墨林今話》卷一，（臺北：學海出版社，1993 年 1 月）。

2 根據楊延福、楊同甫編，《清人室名別稱字號索引》，（臺北：文史哲出版社，1989 年）。

3 〈題畫竹六十九則〉其一，收錄自常州何乃揚藏墨跡，今收於《鄭板橋集》補遺。

但，若進一步踏入他的歷史，則是會被其率真浪漫與醇厚摯情所感動。而其性格情感，往往隨著率性文筆直接灌輸於作品裏。他的「鄭虔三絕」[4]中，書畫頗負盛名，尤其是自創的「六分半書」，〈板橋自敘〉裏這麼記載著：「善書法，自號『六分半書』。又以餘閒作爲蘭竹，凡王公大人、卿士大夫、騷人詞伯、山中老僧、黃冠鍊客，得其一片紙、隻字書，皆珍惜藏庋。」至於其詩，不但爲書畫之名所掩，在清詩壇中，他亦不算是一位左右大局的詩人；同時，也不將自己視爲大詩人。在〈劉柳邨冊子〉（殘本）中，自言：「拙集詩詞二種，都人士皆曰：『詩不如詞。』揚州人亦曰：『詞好於詩。』即我亦不敢辯也。」甚至，在〈後刻詩序〉中還說：「屢欲燒去，平生吟弄，不忍棄之。」難道，板橋之詩，是如此不可取嗎？又爲何列爲一絕呢？事實上，他之所以屢欲燒去，是自認達不到三百篇之旨；而之所以不忍棄之，原因則在〈板橋自序〉的一段話：

> 陋軒詩最善說窮苦，惜其山水不多，接交不廣，華貴一無所有。所謂一家言，未可謂天下才也。板橋詩如《七歌》，如《孤兒行》，如《姑惡》，如《逃荒行》、《還家行》，試取以與陋軒同讀，或亦不甚相讓；其他山水、禽魚、城郭、宮室、人物之茂美，亦頗有自鑄偉詞者。而又有長短句及家書，皆世所膾炙，待百年而論定，正不知鹿死誰手。

---

4 仁壽本《清史列傳・鄭燮傳》中記載：「善詩，工書畫，人以『鄭虔三絕』稱之。」，藝術三，列傳二八九，（臺北：成文出版社，1971）。

在這裏，鄭板橋提出了自認滿意的詩作，至於其他之作，亦有所可觀，連同詞、家書，都要待百年而論定。所以，事實上他還是很看重自己的詩歌。

然而，二百多年過去了，他的書畫墨蹟成了收藏家的珍愛；他的爲人行事，仍爲人津津樂道。但是，列爲三絕之一的詩歌，卻仍然得不到應有的地位，往往受人譏爲粗淺俚俗。究竟，板橋的詩歌有什麼樣的重要性呢？個人認爲，第一點，在於詩、書、畫中最能表現他的狂怪不俗、率真浪漫與醇摯情感者，即屬有文有字的詩歌。第二點則是，清詩可說是中國傳統詩歌的復興與總結，一方面，一掃元明詩壇的消沉；另一方面，卻也隨著清末的政治革新而由逐漸突破舊有格式以一種嶄新面貌出現的新詩所取代。而板橋的詩歌就正處在將要變卻還未變之際，在這樣的情形下，板橋的詩歌扮演了什麼角色，呈現出什麼樣的風貌？這都是值得一探之處。

本文所論述的鄭板橋詩歌，以中華書局上海編輯所於一九八六年三月第三次印刷的《鄭板橋集》中之作爲限。此書分六輯：即原有的「家書」、「詩鈔」、「詞鈔」、「小唱」、「題畫」，加上從公私藏家及有關報刊書籍碑拓中，收錄鄭氏集外作品而成的「補遺」。總計詩四百零六首，詞七十八首，小唱十首，題畫一百一十九則，書信二十八則，序跋十六則，碑記四則。若加上題畫中的詩，並扣掉與詩鈔重複者，共計板橋的詩歌有五百六十七首（包括〈板橋潤格〉中一首）。歷來很少有專門就鄭板橋詩歌內容、思想上做一全盤析論者，而此正爲本文切入之角度。但亦知才識疏淺，資料不全，憑著是一股對鄭板橋其人的欽羨與對其詩歌的喜愛，惟冀望能盡最大能力，做出對其詩有所貢獻之效果。

第一章　鄭板橋詩歌之背景

文學作品的特色，與作者本身有著密不可分的關係。在創作的過程中，作者總在有意與無意間融注本身的思想於其內；而作者的思想又受其個性、經歷、交遊所牽動；這三者又都受時代環境的左右。因之，我們探討板橋詩歌的背景，乃從時代環境、個人生平、詩學淵源來說明。瞭解板橋所處的時代、遭遇和個性，以及學習歷程之後，我們才可以站在讀者與研究者的立場，對照他的立場，對其作品做一個比較客觀的分析；方能進一步就其作品本身，有一番主觀的研探。

第一節　高壓懷柔下的時代環境

板橋歷康熙、雍正、乾隆三朝，此時正是大清由基礎漸穩而達到國勢強盛的高峰。然而滿清以異族入主中原，漢人多不服，有志之士者，除了對前朝的忠貞之外，還有一份特殊的「排外」心理，前者是基於愛國思想，後者則是源於種族觀念。故而反清之事，時有所聞，一直到嘉慶後，真正的「外患」出現，滿清才真正團結起來一致對外。所以在板橋所處的時代中，滿清一直使用「高壓懷柔」的政策來消弭漢人的反抗，雖然三朝的手段與程度不盡相同，但皆含有這兩種意味，而其影響，不惟政治社會，亦及於學術文壇。因之，乃從「高壓懷柔」下的時代環境這個角度，討論在此一環境中，對板橋詩歌有何影響。

一、政治策略與社會情勢

（一）政治策略

清入關以來，明朝遺民反抗不斷，直到康熙初年，經過揚州十日，嘉定三屠等等的血腥武裝鎮壓下，終於取得全面的統治。事實上，明室雖覆亡，但以反清復明爲職志的義士遺民，仍然以「革命之運動」、「秘密之結合」、「文字之鼓吹」[1]爲手段從事抗爭。所以，清人爲了鞏固政權，確立滿族之統治地位，乃施以「壓制」。經過初期的屠殺鎮壓後，根基已穩，爲求民心，便改「採武力與懷柔雙管齊下的政策」。

康熙（即聖祖）即位時，一方面沿襲順治對漢地主官僚的「籠絡政策」，同時還注意到，要得民心首先得對知識份子加以安撫。於是，他做了多項措施，如詔舉山林隱逸，舉薦博學鴻儒，開明史館；至於提倡程朱理學，以及在山東曲阜祭孔廟，在南京祭明太祖等，「企圖把理學的『忠』、『孝』

1 以上所引，見蕭一郎編著，《清代通史》，第三十章，「排滿之思想與運動」，（臺北：商務印書館，1961），頁 298。

思想更加推廣，以束縛人們的思想，逸散人民的鬥志」[2]。此外，實行多項有利民生政策，如減免稅糧、以安定社會，恢復農業生產，提升經濟繁榮。然如此收買漢民之心，瓦解漢民之志，卻依舊不能完全封堵反清之意。因之另一方面，又採取高壓政策，不但禁止士子結社講學，更興文字獄以鉗制不利於清的言論。著名案例如康熙二年，戮浙江莊廷鑨屍[3]；五十二年，殺翰林院編修戴名世，戮學士方孝標屍[4]。這些人都因文字而致禍。

雍正時，已注意到要調和滿漢二族的問題。一方面亦循康熙之薦舉博學鴻儒，且力整財政，關心吏治。然而文字之獄更爲頻仍，不僅排滿言論不爲所容，凡有誹謗之涉者，也必加以處置。如世宗三年，殺浙江汪景祺[5]；五年，革太常寺

2 陳書良等著，《中國文學藝術家傳 30 — 難得糊塗鄭板橋》，（臺北：莊嚴出版社，1981），頁 8。

3 以下至註十二皆摘自黃鴻壽編著，《清史記事本末》卷二十，「文字之獄」：「聖祖康熙二年，夏五月，詔戮浙江湖州府民莊廷鑨屍，其父莊胤城弟莊廷鉞均立斬，初明故大學士朱國楨，私著明史，稿未刊而國亡，家亦中落，以稿本質金於廷鑨，廷鑨易已名刻行之，補入崇禎一朝事，中有萬曆間總兵李成梁捕斬建州衛都指揮王杲語，歸安知縣吳之榮方罷官，謀起復，因舉發其事，……株連死者七十餘人」，（臺北：三民書局，1974）。

4 「五十二年，春二月，殺翰林院編修戴名世，戮學士方孝標屍，時詔修明史已數十年，而館臣採錄遺書，率多忌諱，致屢裁稿而未告成，名世心竊痛之，因著孑遺錄以見其概，又與其門人金生書，謂以弘光之帝南京，隆武之帝閩越，永歷之帝兩粵與滇黔，地方數千里，首尾十七八年，曾不如昭烈之在蜀，帝昺之在厓，史家猶得以備書其事，……書中又引孝標所著滇黔紀聞，稱其考據確覈，是書載入其南山集中，刊行已久，至是都御史趙申喬疏譎其語以聞，名世族皆棄市，孝標戮屍，……因連獲譴者，凡三百餘人」。

5 「世宗雍正三年，冬十二月，殺浙江舉人汪景祺，初，景祺從軍青海，嘗作西征隨筆，有詩譏訕聖祖，又爲年羹堯作功臣不可爲論，爲撫臣福敏查出入奏，命立斬，家族發譴」。

卿鄒汝魯職，戮查嗣庭[6]；最有名的則是—十年，戮浙江呂留良[7]；十三年，殺湖南曾靜、張熙[8]二案。

乾隆一朝，更加著重民間生活情況，甚至迭免全國錢糧漕糧，同時爲網羅文士，更大規模的編纂書籍，如《四庫全書》、《清通典》等等。但這其中含有消耗文人精神，分散文人對政治注意的意味；另一方面，也藉此刪焚不合規定之書。文字獄於此，可謂達到巔峰，不下數十件，牽連難以計數；較著名的有乾隆二十年的胡中澡案[9]、四十三年戮徐述夔及其子之屍，又戮尚書沈德潛之屍[10]等等。

---

6 「五年，春二月，革太常寺卿鄒汝魯職，發往荆州府隄工處效力，因乳魯進河清頌，內有舊染維新風移俗易語，謂其語近譏訕也，夏五月，戮禮部侍郎查嗣庭屍，嗣庭典試江西時，題爲維民所止，有訐者謂維止二字，乃取雍正斬首之意，繼又搜出日記，於聖祖用人行政，大肆譏評，帝大怒，逮嗣庭及其子上克下於獄，至是皆死獄中，命剉屍梟示」。

7 「十年，冬十二月，戮浙江江大儒呂留良，留良石門人，……嘗以博學鴻儒及山林隱逸薦，誓死不就，……湖南永興人曾靜……得見留良講義，至夷夏之防及井田封建等篇，始明種族之界，……於是深茹種族之痛，志圖光復，時傳聞川陝總督岳鍾琪裔出宋岳飛，與金世仇，將謀報復，……投書鍾琪，勸舉事，……鍾琪以聞，命逮靜等至京廷訓，帝以留良等罪，倘在靜等上，赦靜熙歸，……留良葆中皆追戮其屍」。

8 「十三年，冬十二月，殺湖南儒士曾靜張熙，初世宗釋靜等歸里，……至是高宗嗣立，竟殺之，並詔直省停講大義覺迷錄。」

9 「二十年，夏四月，內閣大學士胡中藻棄市，……中藻所著詩集，曰堅磨生詩鈔，帝謂堅磨出自魯論，孔子所稱磨涅，乃指佛肸而言，胡中藻以此自號，是誠何心，又其督學廣西時，試題內有乾三爻不象龍說，乾隆乃朕年號，龍與隆同音，並摘其詩句十數語，鍛鍊成獄，遂被族誅。」

10 「四十三年，……冬十月，戮東台舉人徐述夔及其子徐懷祖屍，……述夔所著一柱樓詩中，詠正德杯云，大明天子重相見，且把壺兒擱半邊，帝謂壺兒即胡兒，又有明朝振翮，一舉去清都芝句，帝謂其顯有由上可知，這個稱號十八世紀中國的全盛期，在對王朝政權維護的宗旨下，一方面以籠絡、利誘的懷柔手段，安撫遺民舊臣，網羅文人志士，並消磨其鬥志；同時勵精圖治，使生產恢復，社會繁榮。但另一方面，則對那些不甘外族統治的遺民，和懷有民族思想的官吏及不利清朝言論者，皆予以嚴酷鉗制及鎮壓。

在如此的環境中，雖然有少數志節之士，如顧亭林、黃宗羲等，不為所動，潔身事外，但大多數知識分子是如何去面對呢？陳書良先生於《難得糊塗鄭板橋》一書中，有精闢的分析，他說：

> 面對著嚴峻的現實，知識分子中，大體也可分三類。一類是歌功頌德、粉飾太平、俯首乞憐的巴兒狗。像康熙年間的李光地……另一類人則埋頭於故紙堆中，不問政治，不問現實，情願將自己有限的歲月，投入繁瑣的訓詁考證工作中去……這樣一來，又從夾縫中產生了一類特殊的人物。他們大多富錦繡之才而抱濟世之志，但出於強烈的民族意識，深切感受到清王朝的黑暗；加以因個人仕途坎坷，陷入無所作為的境地，這就使他們或混跡民間，或托身寺廟，經常處於無法擺脫的精神苦悶之中。由於當時文禁森嚴，所

欲興明朝去清朝之意，遂大怒，與懷祖俱戮屍，……。」
又「戮前禮部尚書沈德潛屍，得潛子告歸，帝以己著書籍，委之改訂，頗多刪潤，德潛死，調其詩集進呈，則平時為帝點竄及捉刀之作咸錄焉，弟大恚，……尋閱其黑牡丹詩，奪朱非正色，異種也稱王之句，指為逆詞，令剖棺剉屍。」

> 以他們只能將不滿現實的滿腹牢騷曲折地寄託在筆墨之外，創造了帶有政治批判色彩的『狂怪』的文藝作品。[11]

而板橋，正是屬於第三類的一個典型。

（二）社會情勢

社會之榮枯，經濟為其一大關鍵，因此首先當說明其時之民生經濟狀況。清兵南下時，殺戮慘烈，燒屋毀房，使當時的社會經濟，遭到了嚴重的破壞和摧殘。但是順治親政之後，「清賦役以革橫征，定律令以滌冤濫，……登水火之民於袵席」[12]，可見順治一朝已漸努力恢復民力。至康、雍、乾三朝銳意整頓的經營下，物阜民豐，財政充裕，更是清代極盛之時。

然而社會富裕，並不代表人人皆如此。貧富不均，自古已然，尤其是清為結合力量，對漢族地主官吏多方加以攏絡，加上侵占貪污之盛，使得財富漸聚集於特權手中，造成特權富、平民貧的情形。尤其乾隆年間，特權階級與地主、商人，更是大肆掠奪兼併土地，土地集中在少數人之手，農民乃淪為租戶佃農，使得富者更富，奢侈糜爛；貧者愈貧，困苦無依。板橋長於貧苦之間，故對此特別有深刻之體驗，因之在其詩文之中，時有對奢華之反感與對窮困百姓的描寫，以及重農輕商的思想。

不過，不論是否貧富不均，當時經濟已發達，加上百十

11 同註 2，頁 9、10。
12 見《清史》卷五，〈世祖本紀二〉。

多年沒有大動亂，政局穩定，社會也隨之繁榮。尤其是位於大運河與長江匯合處的揚州，不但是南北交通的樞紐，且是全國最大的鹽業集散地，同時手工藝也十分發達，又受西洋風氣之影響，貿易與運輸之業昌盛，造就了揚州在當時的繁華。板橋的〈廣陵曲〉詩中對揚州的描述是：

> 隋皇只愛江都死，袁娘淚斷紅珠子。玉溝斜土化為煙，散入東風艷桃李。樓上摘星攀夜天，斗珠灼灼齊人肩。雷塘水光四更白，月痕斜出吳山尖。曉閣涼雲笛聲瘦，碎鼓點花撒秋豆。長夜歡娛日出眠，揚州自古無清晝。

富庶的生活以及外來風氣的刺激，使得揚州市民對舊有的文化不滿足，轉而追求不同以往的新文化。而富商巨賈更希望有適應於他們興趣風尚的新文化，點綴他們浮世的生活[13]。市民的要求加上商賈的附庸風雅，使藝術家有了發展的空間；尤其是一些不受正統重視的文人藝人，便從各地來到新興繁盛的揚州，發展起自己的藝術，因而使得揚州人文鼎盛。不合於時的「揚州八怪」，便是在此種情形之下，分別到揚州賣字鬻畫，他們在此自由發揮，大膽創新，獨樹一格，而闖出了名堂。其中突出的人物，即爲鄭板橋。

---

13 呼延夜帕著，《藝林叢錄》第二編，〈揚州八怪畫風〉，（臺北：谷風出版社，1986），頁 314。

二、學術走向與詩壇概況

（一）學術走向

在板橋所處的時代中，不但是清朝國力的全盛期；同時，學術方面，「清學」也在中國學術史上有其獨特之地位。劉大杰先生在《中國文學發展中》說：「所謂古典學派的樸學，可與先秦哲學、兩漢經學、魏晉玄學、隋唐佛學、宋明理學，前後輝映，各爲一個時代學術思潮的代表。」[14]

清代學術之所以興盛有以下幾點因素：

(1) 歷代的累積

孔子曰：「周監於二代，郁郁乎文哉！」[15]即表示學術文化愈歷經時代的累積，就愈豐富可觀。因爲每一時代之學術文化，都是前人智慧之結晶。後人繼之，除了可奠定豐厚之基礎外，更可據此加以修訂調整，或更深入發展、向外拓延，而使之更廣闊精微。清雖是異族入主，但他們亦身受漢儒之教育；同時也在不威脅王權的情況下，盡量保留了漢族的社會習慣和傳統的道德文化。由三代至明，清承續了大約三千年累積下來的學術文化，若能加以發揚，其成自是很可觀。正巧，康、雍、乾對其提倡，可說是不餘遺力。

---

14 劉大杰著，《中國文學發展史》，第二十八章，「清代文學的特質與文風的演變」，（臺北：華正書局，1986），頁 1142。

15 《論語》〈八佾篇〉，【宋】朱熹，《四書章句集註》，（臺北：鵝湖出版社，1984）。

（2）帝王的提倡

雖然康、雍、乾許多提倡學術的政策，是出於要收攏知識分子。但事實上，除了雍正重在政道之外，康熙和乾隆對學術也非常愛好。根據《清代通史》記載：「玄燁好學，史言出自天性。年十七、八歲時，讀書過勞，至於咯吐，而不肯少休。」[16]而乾隆的「勤學與人才之羅致，不讓乃祖」[17]上行下效的結果，學術的研究乃蔚爲風潮。因此，學者在當時頗有社會地位。

（3）文人專心從事

上文已提及，因學者在社會上受到尊重，所以從事學術之人眾多。同時也因當時政權穩固，國勢強盛，政局頗爲穩定，所以文人不必受戰亂流離之苦，可以全心於學術之中，加上整體社會經濟的復甦，商賈士紳在富裕生活之下，或出於雅好，或因附庸，對文化需求較高，也因之帶動學術的風氣。

這是清代學術興盛的原因。而考據之學爲何又成爲清代學術之代表呢？除了前面所談的從事學術風氣興盛之外，還有以下幾點原因。

首先是「對明學的反動」，明代自王陽明的「心性之學」大盛之後，追隨者愈眾，而末流往往失其原貌，以致流於空談之餘，不屑於背誦研讀之事。加上講學之風行，更使口舌之論益爲流傳。使得明季學風日益敗壞，至明清之際的大學

16 同註 1，第二十六章「康熙之政要」，頁 778。

17 王幻著，《鄭板橋評傳》第一章「板橋的時代背景」，（臺北：台灣商務印書館，1966），頁 171。

者，如黃宗羲、顧炎武、王夫之等，深知空談誤國之害，「乃大聲疾呼，攻擊明心見性的空談，提倡經世致用的實學。這些人學問淵博，加以人品道德能表率群倫，一倡百和，學風爲之一變。」[18]清代學者自然亦謹記勿導王學末流的空虛浮淺，所以提倡經學，致力讀誦。

再者，明朝嘉靖之時，李夢陽、何景明所領導的前七子，反對台閣體的空洞，亦不滿當日讀書人獻力於八股時文，造成除四書、五經外，不識他作的淺陋，乃倡言復古，發展出「文必秦漢，詩必盛唐，非是者弗道」[19]的擬古主義。當時「天下語詩文，必並稱何、李」[20]，可見其影響。但他們認爲盛唐以下無詩，使得一般文士貴古賤今，而以模擬秦漢盛唐詩文之形式爲能事。「然欲作秦漢之文，必先能讀古書；欲讀古書，必先能識古字；於是說文之學興焉。」[21]所以雖然後來有反擬古運動，但小學則繼續有所發展。而萬曆後，西學漸進，新觀點的加進，使得求真求實之科學精神，也應用於文學之中，於是字義訓詁愈爲詳實。且康、乾時，學術又趨於復古，因此字形、音韻等學更爲發達，故明清有許多關於小學之作，如，楊慎的《古音叢目》等，陳第的《毛詩古音考》；段玉裁的《說文解字注》，朱駿聲的《說文通訓定聲》等等。基於以上因素，造成考據之學的興起。

---

18 同註 14。

19 《仁壽本二十六史 — 明史》文苑傳「李夢陽傳」，卷二百八十六，列傳十二，（臺北：成文出版社，1971）。

20 同註 19，「何景明傳」，卷二百八十六，列傳十三。

21 同註 1，第七篇第三十一章，一百二十五節「清代學術之背景」，頁 941、942。

且當時文網嚴密，若涉知人論世之文，稍有不慎，動輒誅罰，所以文人學者便移注其心力於經學，尤其是古典學的章句訓詁、校勘箋釋、輯佚辨僞。加上清代禁止結社講學，學術團體遂變而爲私人秘密研習，並致力於讀書之事，自然會仔細於章句之間。因此，考據之學乃大盛。這種實事求是的樸學，不但影響了當時的學術思想，也及於文學思想。同時，經學的鼎盛，也使文學界顯出相形之下的沉寂。

（二）詩壇的概況

（1）詩在清代學術中的地位

清代學術之盛，前文已略作說明，尤其是考據之學，乃爲中流砥柱。而天文地理算學，也在西學引進與帝王愛好之下而大有進步；至於「取材於城市生活的文學形式，如小說、戲劇，挾其蓬勃新鮮的活力，開始發展。相形之下，傳統的詩文形式，便顯得窄狹衰微，浮離於現實之外。」[22]由此看來，自古爲傳統文學兩大要角的詩文，似乎在清學術文化中頗爲"失勢"。在詩歌方面，梁啓超更曾說：「前清一代學風，……其文學：以言夫詩，真可謂衰弱已極。」[23]

然而，果真清詩是如此的黯淡嗎？陳耀祥先生在《中國古典詩歌叢話》中談到：「清詩懲元明之失，又吸收其所得，兼學唐宋，取資最廣。詩論之發達，作者不乏有自覺之理論

22 王夢鷗等著，《中國文學的發展概述》，第三章，「明清詩文發展情勢檢討」，（臺北：中央文物供應社，1982），頁 259。

23 梁啓超著，《清代學術概論》，第三十一，（臺北：台灣商務印書館，1985）。

指導。」[24]雖然詩論發達，但是詩在唐宋的發展，可謂已達極致，餘地有限。元朝爲外族入主，有意識界分漢文化，自然詩文不盛；明朝則在擬古中跳不開唐宋詩的舊框。至清朝，學術既盛，文風也興，只是受到高壓鉗制政策，使得詩人對於深入反映現實，揭發社會矛盾之事頗有顧忌。同時，八股制藝限制了文人的思想、文筆；科舉取士，又使文人爲功名消磨不少精力，無法全心於詩作。加上注重名物訓詁的考據之學的盛行，使得說理求實之性掩蓋了文學興味。在這些限制下，雖然清詩爲詩歌的復興期，而且詩歌的技巧也有所創新，但終究只能繼唐宋而無法超越之了。不過，清詩壇還是有其特色，那就是流派眾多，各樹一幟。

（2）主要的詩人、流派及其主張

清詩主要是宗法唐宋，不論是尊唐或宗宋，皆各有擁護者，且輪流主導詩壇。在此大前提下，作者卻大都別立門戶，自闢蹊徑，造成流派眾多，也促使詩論之發達。最主要有神韻派、聲調派、格調派、肌理派、性靈派以及同光體等，當然也有一些如板橋不隨派別的“獨立個體”。因本節乃是板橋詩歌時代背景之探討，故重點放在板橋所處的時代，而板橋之後的詩派，如同光體以及後來黃遵憲、康有爲、梁啓超等所領導的詩界革命，在此則不予多述。

明清之際，明遺民因亡國之恨發而爲忠貞之聲，所以遺民的愛國詩歌成爲主流。如顧炎武、吳嘉紀、屈大均等等，他們多富有民族氣節，不事二主，詩中自然有正義高骨之氣，

---

24 陳祥耀編，《中國古典詩歌叢話》，「清詩話」，（臺北：華正書局，1991），頁 123。

同時也能反映當時民族衝突下百姓的困苦。其中吳嘉紀因窮困生活的實際遭遇，故其詩多具有樂府歌辭及杜甫、白居易的現實精神，此點板橋與之頗爲類似。而其遒勁的風格，也創造出屬於自己的藝術特色。

除此之外，清初詩人首推錢謙益與吳偉業，以及「南施北宋」的施閏章和宋琬。錢與吳皆爲明遺臣而不能守節者，姑且不論人品如何，錢在清初以博學之才，「力矯前後『七子』及『公安』、『竟陵』之詩風，于古大名家，皆學焉而不拘守。」[25]他的反擬古與推崇唐宋詩，對當時有很大的影響。其詩作以七言近體爲最善，但也有不少流於浮薄。吳偉業則《四庫提要》評爲：「歌行一體，尤所擅長。格律本乎四傑，而情韻爲深；敘述類乎香山，而風華爲勝。」[26]錢論詩取唐、宋及於元；吳則尊唐。至於施與宋，皆爲順治進士。宋的遭遇不順，仕途坎坷，詩作中多有愁苦哀傷，詩尊韓、杜，擅長五言；施論詩尊唐抑宋，主張要言之有物，反對虛泛，其詩反映現實之作比宋爲多，擅長七言。

康、雍之時，詩人多偏形式技巧，且派別門戶各立，但範圍不出唐、宋。唐詩派的王士禎，與錢謙益相互推崇，不過他尊法王維、孟浩然，尤其是王、孟詩中所顯現出的清遠閒淡之意境。加上他受了司空圖《詩品》與嚴羽《滄浪詩話》的啓發，所倡之「神韻說」，乃追求經由「飄緲頓悟」，而使詩作能「天然渾成」，「直指本心」，而達到「清遠蘊藉」

---

25 同註 24。
26 《影印摛藻堂四庫全書薈要》，第一冊，（臺北：世界書局，1985）。

的境界[27]。神韻之說一出，風靡一時，而王本身的詩作，較能符合自己主張者，是描寫山水及個人情感的七言絕句，頗有王、孟的自然韻味。不過，一味追求神韻的營造，卻容易造成內容的狹隘，也往往使詩歌脫離現實。

此外，唐詩派的著名詩人還有趙執信、朱彝尊。趙執信有異才奇氣，且有狂士名。但自被革職後，生活不順遂，所以詩作多有抒寫悲憤者；不過也有部分作品描寫百姓被貪官剝削的情狀，具有現實意義。詩宗晚唐，自創「聲調說」，但影響與地位皆不如王士禎；《四庫提要》對他二人評曰：「王以神韻縹緲爲宗，趙以思想劖刻爲主。」[28]朱彝尊論詩崇唐鄙南宋，與王士禎並稱「南朱北王」。劉大杰在《中國文學發展中》說：「朱詩以學力、辭藻見長，務求典雅，並喜用僻典險韻。」[29]至於康、雍時宋詩派的詩人，以查慎行爲代表。陳耀祥先生在《中國古典詩歌叢話》中說：「其詩最得力于東坡、放翁二家，力求清新刻露，則宋格矣。」又言「宋格而不失唐音」[30]。不過也因爲他力求清新刻露，所以韻藉不及王士禎。另外，牢犖與厲鶚，也都是宋詩派中有名的詩人。

乾、嘉之際，唐詩成爲主流，沈德潛爲唐詩派；而翁方綱則傾向宋詩派。但也有破唐宋門戶之見，獨標「性靈」的袁枚；另外，還有一些不拘一格，發展個人特色的詩人，如

27 以上所引，根據張健著，《明清文學批判》，「九、王士禎」，（臺北：國家出版社，1983）。
28 同註 26。
29 同註 14，第二十九章「清代的詩歌」，頁 1220。
30 同註 26，頁 103。

本文的主角 — 鄭板橋。

沈德潛可謂一代文壇宗主，論詩尊盛唐，以儒家正統思想爲基礎，有復古傾向，有些理論是承明七子而起的。根據張健先生在《明清文學批評》所說，他認爲詩具有「載道致用」的功能，而基本風格則是要「溫柔敦厚」。其中心主張，則是注重體裁規格與音調韻律的「格調說」；不過，他也不忽視「神韻」與「性靈」[31]。在當日詩壇，極負盛譽，後有「吳中七子」者[32]，皆出其門。

翁方綱身處樸學盛期，本身即是一位擅長經史考據的金石學者。論詩喜言神韻，亦注意格調，但也覺得二者流於膚廓空疏，故倡「肌理說」欲以補救。「亦即想以學問爲骨幹，增加詩的實質，使其外表空靈，內容厚實。」[33]他本身也對以議論入詩的宋詞有很高的評價。雖然翁的理想是想要將詩的文理與義理，內容與形式都有所兼顧，但以學問爲詩之作，常過於堆積，偏於說理考證，因而缺少性情；其「肌理說」亦不若沈的「格調說」來得風行。

「神韻」、「聲調」、「格調」、「肌理」諸派，不是尊唐便是宗宋。而袁枚所倡的「性靈說」，則是不受唐宋門戶之限，強調作者性情的抒發。他認爲「自三百篇至今日，凡詩之傳者，都是性靈，不關堆垛。」[34]所以詩歌不是專爲載道致用而作，而是吐露個人性情思想；並且不必用艱澀文

31 同註 27，「十一、沈德潛」，頁 174 至 177。
32 指王鳴盛、錢大昕、黃文蓮、吳泰來、曹仁虎、趙文哲、王昶。
33 同註 31，頁 247。
34 見【清】袁枚著，《隋園詩話》，卷五，（臺北：長安出版社，1978）。

字，不必多用典故，亦不必受限傳統體例；同時主張詩無古今，只有工拙。他的反傳統禮教，反崇古摹擬，追求自然性情與創新，在當時循規蹈矩於古法中的詩風而言，不但引起相當的震撼，而且也使許多走不出新路的詩人相與跟進。不過，袁枚的思想，雖接近晚明的公安派，但其詩作內容則偏於瑣事的記載，加上私人生活放蕩，乃有輕薄之失。另外，與袁枚作風接近的文人，有長於五古，諷刺詼諧的史學家詩人趙翼，以及長於七古敘事，氣勢偉健而較重禮教的蔣士銓；三人並稱「江左三家」。

在強調個人風格的詩人中，如鄭板橋、黃景仁、張問陶等，基本上都是主張詩爲直抒性情之作，其中鄭板橋應算是頗有特色者。許多人將他歸於袁枚的性靈派；但是，他們二人所相近者，應當是對傳統的反抗，又都風流不拘。不過，板橋出身貧困，際遇坎坷，親身體驗了窮苦者的悲哀，所以對貧弱者富有極大的同情心；而對欺弱者則嫉惡如仇，故詩中常有揭發政治黑暗，反映民主之作。這些具有樂府民歌精神及現實主義的詩歌，也是板橋詩歌中最爲優秀的作品。只是，他的書、畫成就與名氣都比他的詩來得大，但不論詩、書、畫，都與他本人一般，有著一股奇逸之氣。

由此看來，在諸多派別門戶之中，板橋算是「個體戶」，也不若王士禛、沈德潛、翁方綱、袁枚、蔣士銓等人在詩壇中那般有分量。在當時詩壇，雖然他是個「非主流派」，事實上，在創新與反映現實中，他卻是一位前衛人士。在此之前，中國的詩歌還在古典中打轉；嘉慶時，清室已入衰世；自此之後，詩風漸變，道、咸時，已出現了改革的契機；直到同治後由黃遵憲、康有為、梁啓超等掀起了「詩界革命」，而後詩歌在「五四運動」中，便漸由古典走向現代。吾人自不能推板橋為改革的帶動者，至少在他的年代裏，還看不出以後詩歌有如此劇烈的變化，但在傳統勢力仍盛的當時，他的反傳統與自我創新，自是有其相當地位。

第二節　落拓灑脫的平生經歷

從清康熙三十二年癸酉（西元一六九三年）十月二十五日，到乾隆三十年乙酉（西元一七六五年）十二月十二日，「三真三絕」的鄭板橋在歷史上出現了七十三個年頭。為這個由「戰士、劊子手、奴才、市儈、狂生、理學家、考據迷等等五顏六色的人物組成了『康乾盛世』的社會眾生相」中[35]，增添了一份傳奇的浪漫色彩，也為後世留下一代文狂真性真情的風采。

在〈板橋自敘〉他一開始是這麼說的：「板橋居士，姓鄭氏，名燮，揚州興化人。興化有三鄭氏，其一為『鐵鄭』，其一為『糖鄭』，其一為『鄭板橋』。居士自喜其名，故天下咸稱為鄭板橋云。」江蘇省興化縣是板橋的誕生地，也可以說是蘊育其思想和藝術的搖籃。三十歲以前，他幾乎都是在這兒度過，即使往後的四十多年，也不曾真正的離開過。這個風光明媚卻又貧窮的地方，一方面以自然景色給予板橋

35 陳書良等著，《中國文學藝術家傳記 30 — 難得糊塗鄭板橋》，「前言」，（臺北：莊嚴出版社，1981），頁 11。

心靈上的洗滌；一方面他也由此展開落拓瀟灑的一生。

一、家　世

板橋在其膾炙人口的十首「道情」裏面的「開場白」提到「我先世元和公公，流落人間，教歌度曲」，也在「結尾」中提到「風流家世元和老」，又在其〈沁園春・書懷〉詞中說到「滎陽鄭，有教歌家世，乞食風情」。所謂「元和公公」、「元和老」、「滎陽鄭」，乃是唐白行簡所著〈李娃傳〉的男主角，元人石君寶改編爲《李亞仙花酒曲江池》雜劇時，替他命名爲元和。元和的父親唐滎陽公鄭儋，命他赴京都應試，誰知元和到了長安，卻因迷戀妓女李娃（即李亞仙）而功名不就，甚至典當一切，終究落得囊空如洗，流落街頭行乞。後來李娃和元和終於在他功名成就之後，得到其父的諒解，一家團圓。若說元和真是板橋的先祖，倒不如說實是因爲他二人有頗多相似之處，所以板橋乃自許爲其後人。因爲板橋也曾是窮苦潦倒，也曾風流浪蕩，他在〈落拓〉一詩中寫到：

> 乞食山僧廟，縫衣歌妓家，年年江上客，只是為看花。

板橋自己是這樣的人，又仰慕像自己這樣的元和，「其中多少也含有風流自賞，貧困自嘲的意味」。[36]

---

36 郁愚著，《鄭板橋外傳》，（臺北：世界文物出版社，1981），頁 15。

另一位板橋目爲先世的人是南宋末年愛國文人鄭所南，從他又名「思肖」中，便可知他是一位身受亡國之恨，卻又日日不忘故國的忠貞志士。尤其趙宋被元所取之後，他隱居於吳中不肯事元，家居時必定面南而坐，歲時祭祀則望南而哭；畫蘭時則不畫土，以蘭花失土來代表人失國家。這種種行爲在在顯示其出民族氣節。板橋雖不曾親身體驗亡國之痛，但是當時滿清的根基才剛穩住，明朝遺民尙在，身爲漢族的板橋，心中仍是隱藏著漢人亡於異族的悲痛。而且他還刻有「所南翁後」的印章，自詡是鄭所南的後裔，除了表達出對這位前賢的人格氣節的景仰之外，也可看出板橋含藏的民族意識。

一位是風流才子，一位是愛國志士，他們和板橋的關係與其說是具有血緣的傳承，不如說是個性及遭遇上的類似—外則「才識放浪」[37]「落拓不羈」[38]；裡則「內行醇謹」[39]「天性獨摯」[40]。

根據〈年表〉[41]記載：

> **先生姓鄭氏，名燮，字克柔，號板橋，興化縣人。先**

37 銅鼓書唐遺卷三十二，查禮著，收於上海古籍出版社〈鄭板橋集〉附錄，頁 234。

38 【清】鄭方坤著，《國朝耆獻類徵》初編，卷二百三十三，〈鄭燮〉，（臺北：文海出版社，1968）。

39 見《清史列傳》〈鄭燮傳〉。

40 見葉衍蘭、葉恭綽刊，《清代學者象傳》，上海古籍出版社所出《鄭板橋集》附錄，（上海：上海古籍出版社，1986），頁 239。

41 此處所用之〈年表〉，皆指附錄於上海古籍出版社所出的《鄭板橋集》之後的〈年表〉，往後不再贅釋。

> 世居蘇州，明洪武間始遷居興化城內之汪頭。曾祖新萬，字長卿，庠生。祖湜，字清之，儒官。父之本，字立庵，號夢陽，廩生，品學兼優，家居授徒，先後數百人。母汪夫人，繼母郝夫人。叔之標，字省庵。生子墨，字五橋，庠生。

另外他還有一位出家的從祖 — 福國上人。[42]

由此可知，板橋乃出身書香世家，曾祖、祖父、父，皆為儒生，連其外祖父汪氏（名翊文）也是「奇才博學」[43]，而其生母汪夫人亦是「端嚴聰慧特絕」[44]，對板橋疼愛有加的叔父之子鄭墨，就是板橋十六通家書中的「舍弟墨」，雖然與板橋相差了二十五歲，但是堂兄弟間情誼深厚。

板橋算是一位不幸的幸運兒，因為四歲時生母汪夫人病逝，五歲時父親娶繼母郝夫人，待他甚好，使其「不復憂飢寒」[45]，但十四歲時，郝夫人卒，他又再度失去母愛。不過其祖母蔡夫人的侍女費氏，對他長達四十多年如親子般的照顧，使板橋從不曾真正缺少母愛。

這樣一個有溫情的書香家庭，並沒有給板橋帶來歡樂的生活。因為板橋家所屬的東門城外古板橋一支，生活原本清苦，在其〈范縣署中寄舍弟墨〉的家書中曾提到：

---

42 根據板橋在〈破衲〉一詩下之小注：「為從祖福國上人作」，可見福國上人為其從祖。

43 見〈板橋自敘〉。

44 同註 9。

45 同註 11。

可憐我東門人，取魚撈蝦，撐船結網；破屋中吃粃糠，啜麥粥，搴取荇葉蘊頭蔣角煮之，旁貼蕎麥鍋餅，便是美食，幼兒女爭吃。每一念及，真含淚欲落也。

雖然板橋家曾經有過三百畝田產，雇用過佃戶、女傭[46]，但板橋出生時，家道已中落，《清史列傳》〈鄭燮傳〉中謂其「家貧」，鄭方坤在〈鄭燮小傳〉中亦謂「家固貧」。他自己也說「板橋最苦」[47]，事實上，他的一生幾乎是和貧困脫不了關係。

這是一個賦予板橋濃厚文藝氣息的家；也是一個讓他在經濟生活上受到貧窮折磨的家；更是一個在精神生活上得到溫情的家。

二、經　歷

若要以簡明的辭語來形容板橋的經歷，「坎坷」二字應當是頗為貼切的。在十六歲前，他就先後失去了生母、後母。根據〈七歌〉之二的「我生三歲我母無，叮嚀難割襁中孤。登床索乳抱母臥，不知母歿還相呼！」知道在他三歲時，生母已病逝。五歲時，繼母郝夫人開始為這個日漸衰落的家努力主持內務，對板橋則視如己出。但板橋十四歲時，郝夫人也不幸病逝。想起以前自己的不懂事，為了「飯少相觸牴」

46 〈雍正十年杭州韜光庵中寄舍弟墨〉中有語：「吾家業地雖有三百畝，總是典產，不可久恃。」
47 見板橋的〈劉柳邨冊子〉（殘本）。

就「伏地啼呼面垢污」，映照日後對郝夫人「十載持家足辛苦」的了解，難怪他要「無端涕泗橫闌干，思我後母心悲酸」了[48]。

十六歲時，從興化詞人陸震（字種園）先生學詞，這是他正式所拜的老師。至於第一位老師，則是其父鄭之本（字立庵），因爲立庵先生本就是開館授徒以維生，而且〈板橋自敘〉中又提到「幼隨其父學，無他師也」，由此看來他應該是隨館學習。而在〈爲馬秋玉畫扇〉中，有「余少時讀書真州之毛家橋」，然是否教館設於毛家喬，因沒有文獻資料證明，故亦無定論。種園先生是一位「詩餘妙絕等倫」而「淡於名利」[49]的隱士，板橋對這位嗜酒如命，孑然一身，卻自有其瀟脫風骨的貧士老師非常仰慕。〈七歌〉是板橋對自己與至親者的感懷，種園先生列入其中，可知他師徒二人情誼之深厚。故而種園先生的才情、言行與思想，對板橋在文學及人格上有很大的影響。

二十歲左右，板橋成了秀才，除添了個「生員」之名外，對他日益貧困的生活並沒有什麼助益。二十三歲時，奉了父母之命，娶徐氏爲妻。這位替板橋生下二女一子，陪他度過「爨下荒涼告絕薪，門前剝啄來催債」[50]艱窘時期的女子，在他最困苦無依時，給予最溫婉的支持，在〈貧士〉詩中，板橋描寫到向友人告貸，卻嚐盡世態炎涼，只好怏怏然「歸來對妻子，侷促無儀威」，但徐夫人並沒有責怪怨嘆之意，

---

48 以上所引，皆爲〈七歌〉之三的句子。
49 見《興化縣志・文苑》。
50 見〈七歌〉之五。

反而是「誰知相慰藉，脫簪典舊衣」，其賢慧可知。

婚後，爲了負擔家計，便前往當時商業繁華的揚州賣字畫，然而此時的板橋是個名不見經傳的窮秀才，同時他那立意高雅的字畫，也不爲那些附庸風雅的揚州富商所重。所以並沒有充裕家中經濟，反倒是生性浪漫的他，在五光十色、燈紅酒綠的揚州中，「市樓飲酒拉年少，終日繫鼓吹竽笙」[51]，漸漸學會荒唐，也就愈發的落拓了。

與板橋手足情深的堂弟鄭墨，在他二十五歲時出生[52]。二十六歲，因先前賣畫揚州的不順，便拾起教鞭，設塾於真州的江村。雖然在他的〈儀真縣江村茶社寄舍弟〉提到此處「林花碧柳」，也在〈滿江紅・思家〉中提到想「何日向，江村躲」，但教館生涯原是「傍人門戶渡春秋」，「課少父兄嫌懶惰，功多子弟結冤仇」[53]，對疏狂不羈的他，仰人鼻息是件痛苦的事，所以他在〈村塾示諸徒〉中寫道：

> 蕭騷易惹窮途恨，放蕩深慚學俸錢。欲買扁州從釣叟，一竿春雨一簑煙。

想當時他一定很企盼能擺脫生活的壓力，過著逍遙自在的日子。

三十歲，立庵先生和種園先生相繼去世。根據〈七歌〉，

---

51 見〈七歌〉之一。

52 〈年表〉於板橋二十五歲那年記曰：「〈懷舍弟墨〉云：『我年四十二，我弟年十八』，故推知生於是年」。

53 見〈教館詩〉。

父親的去世，使他一下子要扛起家中的一切，尤其是已經「寒無絮絡饑無饔」的經濟；而老師「貧病老無兒，閉門僵臥桐陰北」的淒涼晚景，更使板橋發出了「青天萬古終無情」的悲歎。在這而立之年，卻是「鄭生三十無一營，學書學劍皆不成」，雖然他也曾想好好的做事，但「幾年落拓向江海，謀事十事九事殆」，憶及往昔至今，坎坷無數，胸中是滿懷的沉痛，〈七歌〉便是在這樣的心情子下完成的。

之後，日益蹇困的家境，使板橋決定全心往揚州發展再度賣畫，一直到四十歲之後，才逐漸脫離賣畫的行業。其間約三十二歲時，獨子犉兒病卒，三十九歲時，結髮妻子亦病歿；而在揚州所賣的畫則是「寫來竹柏無顏色，賣與東風不合時」[54]。妻與子的去世，生活的不順遂，讓他數度意志消沉。另一方面，在這個「長夜歡娛日出眠」「自古無清畫」的揚州[55]，他看到了繁華之下的真相，如在〈揚州〉詩中提到：

> 盡把黃金通顯要，惟餘白眼到清貧。可憐道上飢寒子，昨日華堂臥錦茵。

這是一個勢利且不公平的社會，使其看盡了世態炎涼，也造成「他對爲富不仁的反感和對人才落拓的不平」[56]。

除了在揚州外，他還到各處遊覽，〈年表〉於三十三歲

54 見〈和學使者於殿元枉贈之作〉之一。
55 見〈廣陵曲〉一詩。
56 同註 1，頁 53。

之年記載：「出遊北京，與禪宗尊宿及期門羽林諸子弟游，日放言高談，臧否人物，無所忌諱，坐是得狂名」。同時也到過廬山、長安、洛陽、鄴城、烏江等。這大約十年的時間，應是板橋的一個關鍵；除了因隨著年歲的增長、社會的歷練、遊歷的經驗而變化的心理外，更重要的他認識了日後被稱爲「揚州八怪」的其他成員，如李鱓、金農、黃慎等。這些負有高才，際遇不佳又憤世嫉俗的狂士，與板橋氣味相投，過從甚密，對他的創作、思想、以及性格都有極大的影響。之後，他在李鱓的鼓勵之下，選擇科舉之路，三十六歲時，讀書於興化天寧寺，且在應試前向興化縣令汪芳藻求助赴南京的旅費，他在〈除夕前一日上中尊汪夫子〉這麼寫著：

> 瑣事貧家日萬端，破裘雖補不禁寒。瓶中白水供先祀，窗外梅花當早餐。結網縱勤河又沍，賣書無主歲偏闌。明年又值掄才會，原向秋風借羽翰。

由這首詩，我們可以了解，在此之前板橋的生活不但還是很窘困，甚至連赴京趕考的旅費都沒有。不過皇天不負苦心人，他終於在四十歲時（雍正十年），成了「雍正舉人」。然而想起死去的父、妻、子，這「十載征途」遲來的發達，竟是不知要「捧入華堂卻慰誰」。[57]

不過，既已爲舉人，自然是要更上層樓，所以四十三歲時，爲準備丙辰的朝廷會試，讀書於鎮江焦山。隔年，板橋

57 見〈得南闈捷音〉一詩。

終於「我亦終葵稱進士」[58]。次年（乾隆二年）因等不到派任而再回揚州。成了「乾隆進士」之後，社會地位提高，結交增廣，名氣隨之響亮，字畫也身價陡增，當然生活亦跟著好轉。但也在這年，愛板橋甚於自己兒子的乳母費氏去世，享年七十六歲。在板橋的〈乳母詩〉中，可以看出他對乳母的感恩與哀思：

> 平生所負恩，不獨一乳母。長恨富貴遲，遂令慚恧久。
> 黃泉路迂闊，白髮人老醜。食祿千萬鐘，不如餅在手。

四十六歲，江南大旱，他在〈上江南大方伯晏老夫子七律四首〉中提到「手把干將渾未試，幾回磨淬大江流」，可知他急於「得志澤加於民」的胸懷。四十九歲，第三次入京，認識對他敬慕的慎郡王，可能是慎郡王的關係，隔年他便被選授為山東范縣知縣。從四十四歲中舉到五十歲獲任，等了六年，板橋終於踏入仕途，得以實現他親民愛民的主張。

五十一歲，作於雍正七年，且改削十四年[59]的「道情」定稿付梓，刻者為上元司徒文膏。五十二歲，妾饒氏生子，板橋在〈濰縣署中與舍弟墨第二書〉中有言：「余五十二歲始得一子，豈有不愛之理？」。老年得子，自然是欣喜萬分，只是命運似乎很愛作弄板橋，五十七歲時，這好不容易盼來的兒子，卻病歿於興化，使他二度遭喪子之痛。

五十四歲，調往濰縣，至六十一歲罷官歸里，總計十二

58 見題畫〈秋葵石筍圖〉題詩。
59 同註 14。

年的七品縣官生涯，並沒有給他帶來榮華富貴；雖然他芒鞋問俗，愛民如子，頗有政聲，但在范縣時，就因官場的黑暗而有「速裝我硯，速攜我稿，賣畫揚州」[60]的辭官念頭。後來濰縣任內，爲救災荒而開倉賑貸，活人無數，卻也因此忤犯大吏，加上訟事「右窶子而左富商」[61]的作風得罪了縣紳，終因所謂「賑災貪污罪」而解職罷官。這段期間，板橋除了「盡歷遍官滋味」[62]外，還於五十六歲時任「乾隆東封書畫史」，這是他所得意光榮之事，他在〈板橋自敘〉中說：「乾隆十三年，大駕東巡，燮爲書畫史，治頓所，臥泰山之頂四十餘日，亦足豪矣。」同年重訂家書、詩鈔、詞鈔，並手寫付梓。爲官的日子裏，官場上的起伏，對民情的實際接觸，再度增加他的思想深度，而詩文畫方面也達到新的高峰。

六十一歲那年，他和小童及三頭驢子在百姓遮道挽留中離開濰縣，在給當地的一幅竹畫上題詩道：

> 烏紗擲去不為官，囊橐蕭蕭兩袖寒。寫取一枝清瘦竹，秋風江上作漁竿。（題畫〈予告歸里畫竹別濰縣紳士民〉）

他終於灑脫的擲去烏紗帽，恢復平民身份，此後，放情山水到處遊覽，恢復疏狂的自在生涯。在脫去種種限制之後，他更能放手去從事藝術的創作，所以作品也愈發成熟。六十

60 見〈署中示舍弟墨〉詩。
61 見法坤宏的〈書事〉，錄於《國朝耆獻類徵》初編，卷二百三十三。
62 見〈青玉案・宦況〉一詞。

七歲，因爲求畫日眾，不勝負荷，於是從拙公和尚的建議，定了有趣的書籍潤格[63]。次年，撰〈板橋自序〉及〈劉柳邨冊子〉於揚州汪士之文園。七十一歲，與相聞已久的袁枚相晤於友人盧見曾（號雅雨山人）席上，互有贈詩。七十三歲，這位絕世風流，「非佛亦非妖」的頑仙[64]，終於長眠於興化的管阮莊。

板橋的後人不是很興旺，〈年表〉：「有二子，均早卒，以弟子田（字硯耕）爲嗣。另有二女，長適趙，次適袁。孫鎔（字范金），曾孫國璋（字文址）」。據《清朝野史大觀》中提到：「板橋有女，頗能傳父學」[65]，想來一代奇人的後代，也非庸碌之輩。

三、個　性

《清朝野史大觀》說板橋「性奇怪」[66]，近人陳幸蕙稱他是「風格男子」、「精彩人類」、「笑傲江湖式」的人物[67]。到底板橋性格如何呢？個人試著在此作一簡要的分析：

---

63 補遺〈板橋潤格〉以直率坦白、風趣幽默的口吻寫著：「大幅六兩，中幅四兩，小幅二兩，書條對聯一兩，扇子斗方五錢。凡送禮物食物，總不如白銀爲妙，公之所送，未必弟之所好也。送現銀則中心喜樂，書畫皆佳。禮物既屬糾纏，賒欠尤爲賴賬。年老神倦，亦不能陪諸君子作無益語言也。……」

64 【清】蔣寶齡著，《墨林今話》卷一。

65 小橫香室主人著，《清朝野史大觀》「清人述異」，（臺北：中華書局，1959）。

66 同註 65，「清人藝苑」。

67 以上三處所引，見陳幸蕙著，〈任爾東西南北風〉一文，《國文天地》第七卷第十二期（1992 年 5 月），頁 12。

（一）坦白率性

板橋爲人心直口快，不管好壞，是如何便如何，皆不加隱揚，這是他最大的特點。在〈板橋自敘〉中，他對自己有一個坦率的描述 —— 長相方面是「貌寢陋」；治學則是「能自刻苦，自憤激，自豎立」；嗜好則是「酷嗜山水」，連斷袖之癖也直言不諱：「又好色，尤多餘桃口齒，及椒風弄兒之戲」；也自知「平生漫罵無禮」，但亦常稱人之美。年老時，自定潤格中「凡送禮物食物，總不如白銀爲妙」，這種打開天窗說亮話式的口氣，真是快人快語有真性，所以表現在詩文方面，也是至情至性之作。

（二）風流風趣

除徐夫人外，板橋的情史在其詩詞中可查的就有王一姐、小珠娘，兩表妹、饒五娘[68]等等。落拓揚州時，從「縫衣歌妓家」[69]的詩句來看，應該也認識許多紅粉佳人；從他在〈玉女搖仙佩・有所感〉一詞中提到看見一位倚朱門的娟朗女子，知道她是「人家廝養，又沒個憐香惜媚」，便有「代他出脫千思萬想」之念，就知板橋的多情風流。另一種風流，

---

68 如〈浪淘沙・贈王一姐〉：「竹馬相過日，還記汝雲鬟覆頸，……今日重逢深院裡，一種溫存猶昔。……」；
〈浣溪紗・少年〉：「……借書攤處暗思量，隔牆聽喚小珠娘。」
〈踏沙行・無題〉：「中表姻親，詩文情愫。……」
〈止足詩〉：「閨中少婦，好樂無猜」此時作於任職苑縣時，而〈年表〉於五十二歲處記載：「是年妾饒氏生子」，五十二歲板橋正在范縣任內，故知閨中少婦即指饒氏。

69 見〈落拓〉詩。

是屬於性情中人風采，也就是總能隨手拈出生活的情趣，如他在〈題畫竹六十九則〉中的：

> 鄰家種修竹，時復過牆來。一片青蔥色，居然為我栽。（見補遺，收錄自〈金山文物館藏拓本〉）

再看他的後刻詩序「板橋詩刻止於此矣，死後如有托名翻版，將平日無聊應酬之作，改竄爛入，吾必爲厲鬼以擊其腦」，說的又嚴肅又有趣。也因爲他的風流風趣，故其詩作中，時有詼諧趣味之語。

（三）好義仁厚

由於自幼貧苦，所以他既了解也同情貧弱者；加上家庭親情給予他的愛，如生母、後母、叔叔，尤其乳母對他無怨無悔的照顧，使得他也充滿了仁厚之心。因此在詩文中，可以看到他痛陳〈悍吏〉的〈私刑惡〉，道出如〈孤兒〉之類弱者被壓迫的情形，或是呈現災難〈逃荒行〉的慘狀，以及對爲富不仁，爲官不正的指控。更可以看到的是，如要其弟鄭墨「持俸錢南歸」，「挨家比戶，逐一散給」[70]那種不忘故舊，扶弱憐貧的博愛。

（四）自負孤高

〈板橋自敘〉中說到他自己是「好大言，自負太過」，

---

70 見〈范縣署中寄舍弟墨〉。

又於〈板橋自序〉說：「其他山水、禽魚、城郭、宮室、人物之茂美，亦頗有自鑄偉詞者。而又有長短句及家書，皆世所膾炙」，可以看出字裡行間頗為自得的意氣。而〈題畫竹六十九則〉中之一則：

> 畫竹插天蓋地來，翻風覆雨筆頭載，我今不肯從人法，寫出龍鬚鳳尾來。（見補遺，收錄自〈常州何乃揚藏墨跡〉）

一句「我今不肯從人法」，說得趾高氣昂。再看他在家書前的小引：「板橋詩文，最不喜求人作敘。求之王公大人，既以借光為可恥；求之湖海名流，必至含譏帶訕，遭其荼毒而無可如何，總不如不敘為得也」。不願借光以名，亦不願受人以諷，只好來個「板橋自題」，可見其孤高如此這般。

（五）自主創新

就因為他自負孤高，故而不願受人限制，不願隨波逐流，而是「自栽本分留深色」。[71]他在〈范縣署中寄舍弟墨第三書〉中告訴鄭墨：「讀書要有特識，依樣葫蘆，無有是處。」，他認為「我輩讀書懷古，豈容隨聲附和乎！」[72]，所以「學者當自樹其幟」[73]，因此，他的詩文有鮮明的個人風格，帶有不同於時下風氣的新意。也因為這種精神，他乃創了融合

71 見詞鈔〈述詩二首〉。
72 見〈與金農書〉。
73 見〈與江賓谷、江禹九書〉。

了隸、楷、行、草四體，及參入蘭竹畫法，而能自闢蹊徑的知名書體—六分半書。

綜觀以上所述，之所以言其落拓，乃是因爲板橋一生貧困，且多歷生離死別；中期又懷才不遇，即便後來爲官，亦是有志難伸，只得賣畫終老。而言其灑脫者，則是他一生中所表現出那種坦率自然又狂傲不拘的性格，所以他不隨流俗，不屈服命運。因之在落拓的遭遇中，自有一番灑脫的風骨。而落拓與灑脫的組合乃形成了狂怪的奇特氣質。

第三節　詩歌的奠基淵源

知識因傳承而延續，因創新而豐富。雖然板橋是一位有創新精神的人，但還是需要吸取歷代前賢的智慧來做爲創新的根基。在其〈板橋自敘〉中，他說自己是「愛讀史書以及詩文詞集」，所以他必然深受前人的影響。至於是哪些人影響了這位「讀書求精不求多」[74]的文狂？又是什麼樣的影響呢？這就是本節所要探討的重點所在。

一、直接師承

板橋的老師，在文獻資料中，可以確定的有二位，一爲鄭父立庵先生；一爲鄉前輩陸種園先生[75]。這兩位老師，對

74 見〈板橋自序〉。
75 參看本章第二節「落拓灑脫的板橋生平」，二、經歷。

板橋詩歌並沒有直接的影響，因爲在資料中看不到立庵先生在詩歌上對板橋有什麼指導；而陸震先生則是教導他塡詞。但是受學於他們之時，板橋正當可塑性很高的少年時代，也是需要充實文學知識的基礎期；所以在人格品性及學識方面，對板橋有很大的影響，也間接影響了他詩歌的風格。

（一）父——鄭之本（立庵先生）

上一節曾提到在〈板橋自敘〉中，他自云：「幼隨其父學，無他師也」，又曰：「父立庵先生，以文章品行爲士先，教授生徒數百輩，皆成就。」可見其父是一位品學兼優的文人，而板橋又自幼從他學習，因此對其基本性情與知識有啓發之效，所以板橋一開始，便奠下良好的基礎。例如他在〈焦山雙峰閣寄舍弟墨〉的家書中提到：「郝家莊有墓田一塊，價十二兩，先君曾欲買置，因有無主孤墳一座，必須刨去。先君曰：『嗟乎！豈有掘人之冢以自立其冢者乎！』……吾意欲致書郝表弟……買以葬吾夫婦。即留此孤墳，以爲牛眠一伴，刻石示子孫，永永不廢，豈非先君忠厚之義而又深之乎！」可知他這種刻刻去澆存厚之心，的確是深受其父忠厚之義所承。因而我們可以在他日後的詩作之中，看到他時時流露出的仁厚之情。

値得一提的是在〈板橋自敘〉中又說到他的外祖父汪翊文先生，「奇才博學，隱居不仕」，可見其外祖應也是一位有才識，有至節之人。從板橋自稱「文學性分得外家氣居多」之句來看，他是認爲自己文學上的天分，大多稟賦於外家。因此可以說他的才情承於外家；而其學養性格則奠基於他的父親。

（二）師 — 陸震（種園先生）

陸震，字仲子，一字種園，根據《興化縣志・文苑》，他「少負才氣，傲睨狂放，不為齷齪小謹」，而且「淡於名利，厭制藝，攻古文辭及行草書」，他在〈滿江紅・贈王正子〉一詞中曰：「看囊中罄矣，酒錢何處？吾輩無端寒至此，富兒何物肥如許！脫敝裘付與酒家孃，搖頭去」[76]前四句，充滿了對世事不公平的無奈；但後兩句語氣一變，無奈又如何，酒錢還是得付，只好以僅有的破舊外衣抵賬，搖頭而去。由此看來，種園先生也是一位落魄的貧儒，而且還是一位能以「幽默灑脫」的心情去看待自身窘困的性情人士。同時，他也是一位負有民族意識的疏狂之士，在他的《賀新郎・弔史閣部墓》[77]中可以看出他對明朝忠臣的敬仰：

> 孤塚狐穿罅，對西風招魂剪紙，澆羹列鮓。野老為言當日事，戰火連天相射，夜未半層城欲下。十萬橫磨刀似雪，盡孤臣一死他何怕，氣堪作，長虹掛。難禁恨淚如鉛瀉，人道是衣冠葬所，音容難畫。欷𠩄路傍松與柏，日日行人繫馬，且一任樵蘇盡打。只有殘碑留漢字，細摩挲不識誰題者，一半是，荒苔藉。

板橋在〈詞鈔自序〉中有言：「陸種園先生諱震，邑中

---

76 收錄於《鄭板橋集》中。
77 同註 76。

前輩。燮幼從之學詞，故刊刻二首，以見一斑。」這段話顯示了種園先生在板橋心目中的份量。所以他從種園先生學習，不但在學識上，連品德操行上，也受了這位業師的教誨感染；因此我們除了在板橋的性格上，發現與陸氏相彷的落拓不羈及傲岸之外，也可以在板橋詩歌中感受到那種灑脫氣質與民族意識。

二、私淑前賢

嚴格說來，板橋詩歌的真正淵源應當是他自己說的「詩學三人，老瞞與焉。少陵爲後，姬旦爲先。」[78]，即詩經、曹操、杜甫，以及「余詩格卑卑，七律尤多放翁氣」[79]的陸游。另外，在《清史列傳》〈鄭燮傳〉中則寫他的詩「頗近香山放翁」，《揚州府志》則說：「師宗陶柳」，《興化縣志》則云：「師宗范陸」。可見他所私淑者，有詩經、曹操、杜甫、陸游；至於白居易、陶淵明、柳宗元，應該只是指其詩風或多或少有與之類似之處，可能多少受到影響，但並非板橋刻意學習的對象。

（一）詩　經

板橋對詩經非常推崇，在〈焦山別峰庵雨中無事書寄舍弟墨〉他說：「六經之文至矣盡矣，而又有至之至者：渾淪磅礴，闊大精微，卻是家常日用，禹貢、洪範、月令、七月

78 見〈賀新郎・述詩二首〉之詞。
79 見〈前刻詩序〉。

流火是也。當刻刻尋討貫串，一刻離不得。」又在〈賀新郎・述詩二首〉詞中提到：「七月東山千古在，恁描摹瑣細民情妙，畫不出，豳風稿」。他認爲詩經中反映現實生活和人們思想感情的作品，才是真正的「經世文章」；爲文要「敷陳帝王之事業，歌詠百姓之勤苦，剖析聖賢之精義，描摹英傑之風猷」[80]，才是有用之文。所以我們可以看到許多他描寫民間疾苦，以及反映社會民情的詩歌，如〈范縣詩〉之七：

> 黍稷翼翼，以蒽以鬱；黍稷栗栗，以實以積。九月霜花，傭役還家；腰鎌背谷，腳露肩霞。搖指我屋，思見我婦；一縷晨煙，隔于深樹。牽衣獻果，幼兒識父。

范縣是一個淳樸的「彈丸小邑」[81]。板橋任此地的縣令，深入民間，且仔細觀察了范縣的農村生活，因而寫下〈范縣詩〉。再看詩經「豳風」〈七月〉中的一段：

> 九月築場圃，十月納禾稼。黍稷重穋，禾麻菽麥。嗟我農夫，我稼既同，上入執宮功。晝爾于茅，宵爾索綯。亟其乘屋，其始播百穀。

這兩首都是以農村生活爲內容，對於農村的人、事、物，皆寫來生動確實，透過文字，我們看到的是一幅真實的農村

80 見〈濰縣署中示舍弟墨〉。
81 〈止足詩〉中有「彈丸小邑，稱是非才」之句，〈年表〉記載〈止足詩〉作於五十一歲。而五十歲時板橋已爲范縣縣令，故知彈丸小邑即指范縣。

圖。沒有詩人主觀的評論在其中，而農民淳樸勤儉的個性，卻已鮮明的浮現在文字間。這種「寫實反映」的精神，板橋掌握得很好，可見他真如自己在〈賀新郎・述詩二首〉中所言：「詩法誰爲準？統千秋姬公手筆，尼山定本」。

（二）曹　操

所謂「老瞞與焉」指的就是曹操。曹氏父子在建安文學上有其地位，前人多謂曹子建乃一代才子，但板橋卻認爲「八斗才華曹子建，還讓老瞞蒼勁」[82]又在〈與江賓谷，江禹九書〉中說道：「曹氏父子，蕭家骨肉，一門之內，大小殊軌。曹之丕、植，蕭之統、繹皆有公子秀才氣，小乘也。老瞞短歌行，蕭衍河中之水歌，勃勃有英氣，大乘也。」可以知道板橋不喜帶有公子秀才氣之詩文，而欣賞蒼勁、勃勃有英氣的作品。曹操的詩歌便有那種沈雄慷慨之氣，他的詩歌流傳下來的不多，劉大杰先生在《中國文學發展史》中說他「學習民歌，反映現實的創作精神，用舊曲作新辭，既即具民歌的特色，而又富有自己的創造性」，在「樂府古題裡，寄寓了新的時事內容，發展了樂府歌辭的生命」，而其「語言渾厚，具有峻拔沈鬱的風格。」[83]尤其是「富有自己的創作性」，這是除了「氣勢蒼勁」之外，板橋對曹操的另一個欣賞之處。所以在「還讓老瞞蒼勁」之句下，他又寫著：「更五柳先生澹永，聖哲奸雄兼曠逸。總自裁本分留深色，一快讀，分倫

82 同註 5。
83 以上三處，引自劉大杰著，《中國文學發展史》（臺北：華正書局，1986），頁 257，258。

等。」板橋的詩沒有很多氣勢雄渾之作，大概與他一生遭遇坎坷，任職又不高有關（而曹操則是雄霸一方的梟雄）；但也看不到他帶有公子秀才氣之作。不過倒是有一些反映人民苦難的詩，寫得頗有曹操沈鬱之風，如〈逃荒行〉中：

> ……長路迂以遠，關山雜豺虎；天荒虎不飢，肝人伺巖阻。豺狼白晝出，諸村亂擊鼓。嗟予皮髮焦，骨斷折腰膂。……

與曹操所寫的〈苦寒行〉：

> 北上太行山，艱哉何巍巍。羊腸坂詰屈，車輛為之摧，樹木何蕭瑟。北風聲正悲，熊羆對我蹲，虎豹夾路啼。……

雖然一在描寫天災的災民，一在描寫兵禍的難民，但在文字與風格上，二者的確是頗爲神似。

（三）杜　甫

杜甫是中國文學史上最重要的詩人之一，歷代研究杜甫詩者，不知凡幾。板橋對杜甫可說是非常的推崇，在〈板橋自序）中提到：「少陵七律、五律、七古、五古，排律皆絕妙，一首可值千金。板橋無不細讀，而尤愛七古，蓋其性之所嗜，偏重在此。」又說「少陵詩高絕千古，……只一開卷，閱其題次，一種憂臺憂民忽悲忽喜之情，以及宗廟丘墟，關山縈茂之苦，宛然在目。」[84]而在（濰縣署中與舍弟第五書）中則云：「王孟詩原有實落不可磨滅處，只因務爲修潔，到不得李、杜沈雄」。所以他覺得「杜詩即是備詩經的現實主義傳統，又是備曹操的沈雄之氣。」[85]因而杜詩是「信當時、傳後世，而必不可廢」[86]。他深受著杜甫的影響，在板橋詩鈔中，可以發現一些如杜詩能補察時政，洩導人情，具有現實主義的作品，如板橋所寫的〈私刑惡〉：

官刑不敵私刑惡，掾吏搏人如豕搏；……叱聲突地無人色，忽漫無聲四肢直；……本因凍餒迫為非，又值姦刁取自肥，一絲一粒盡搜索，但憑皮骨當嚴威。……牽累無辜十七八，夜來鎖得鄰家翁。鄰家老翁年七十，白挺長椎敲更急。雷霆收聲怯吏威，雲昏雨黑蒼天泣。

再看杜甫的〈石壕吏〉：

暮投石壕村，有吏夜捉人。老翁踰牆走，老婦出看門。吏呼一何怒，婦啼一何苦。聽婦前致詞：「……存者且偷生，死者長矣已。……老嫗力雖衰，請從吏夜歸。……」夜久語聲絕，如聞泣幽咽。天明登前途，

84 見〈范縣署中寄舍弟墨第五書〉。
85 陳書良等著，《中國文學家傳記 30 — 難得糊塗鄭板橋》，（臺北：莊嚴出版社，1981），頁 176。
86 同註 11。

獨與老翁別。

雖然板橋寫的是當時胥吏濫用私刑，掠奪民財，牽連無辜的情形；而杜甫寫的是石壕吏捉人充當兵數的情形，二者的情況並不相同。而且板橋是在詩外以描述人的身份來寫詩，杜甫卻是以詩中旁觀人的身份引導詩的進行，兩人的表現技巧也不同。然而，我們卻都能在其詩歌字裏行間的陳述，發現到他們對官吏為害百姓的憤慨不滿；同時對那些被剝削、欺凌的百姓，則寄予無限的同情。而這類的社會寫實之作，也是板橋詩歌中成就最高的。至於（七歌），更是模仿杜甫的（寓居同谷縣作歌七首），各舉其一來看：

無端涕泗橫闌干，思我後母心悲酸。十載持家足辛苦，使我不復憂饑寒。時缺一升半升米，兒怒飯少相觸抵；伏地啼呼面垢污，母取衣衫為湔洗。嗚呼三歌兮歌徬徨，北風獵獵吹我裳。

有弟有弟在遠方，三人各瘦何人強？生別展轉不相見，胡塵暗天道路長。前飛駕鵝後鶖鶬，安得送我置汝旁！嗚呼三歌兮歌三發，汝歸何處收兄骨。（杜甫〈七歌〉之三）

二者皆為〈七歌〉之三，形式上是相同的，但對象則不同。板橋歌其後母，杜甫歌其兄弟。可是他們所抒發的，同樣都是對自己遭過的感懷，也都寫得惻惻感人！

（四）陸　游

觀之「余詩格卑卑，七律尤多放翁氣」一語，似是板橋對陸游（放翁爲其號）頗有不以爲然之態。然而他又在〈范縣署中奇舍弟墨第五書〉中說陸游之所以詩最多，題最少乃是「南宋時，君父幽囚，棲身杭越，其辱與危亦至矣。……講理學者……而卒無救時濟變之才；在朝諸大臣，……不頊國之大計。是尙得爲有人乎！是尙可辱吾詩歌而勞吾贈答乎！直以山居、村居、夏日、秋日，了卻詩債而已」。因而他認爲「陸詩之無人，誠無人也」；「陸之絕口不言」，是爲了「免羅識也」。這番話替陸游做了一番解釋，想來也有一明己心，推「陸」及「鄭」之意。板橋雖然爲人狂傲不拘，但在清朝高壓政策之下，也不敢對當局者太過直言批評。這對他而言，是件痛苦又無可奈何，而且是文人本不該有之事，但時勢逼迫，也只得如此，便說自己詩格卑卑。頗有放翁氣了。

不過陸游喜好田園山水之趣，此點板橋與之相近；再者，他是著名的愛國詩人，具有強烈的民族氣節，此則爲板橋對陸游欽佩之處，因之，在板橋的詩歌中不難發現到隱隱散發出的愛國之氣。但是，還有一個値得我們注意的地方，李重華在（貞一齋詩說）中說：「唐賢詩集惟白居易最多，宋則放翁尤甚，大約伸紙便得數首或至數十首，已故流滑淺易居多」[87]也就是說陸游作詩雖多，但有些是很輕易也很流利的寫下來，但太過流順，反而失之無味。板橋的詩歌，也是語

87 李重華著，〈貞一齋詩說〉，收於《清詩話》，【清】丁福保編，（臺北：明倫出版社，1971），頁 1197。

言明白通曉，但就是因太明白通曉，有時難免也就顯得粗淺。如〈大中丞尹年伯贈帛〉：

> 落拓揚州一敝裘，綠陽蕭寺幾淹留。忽驚霧穀來相贈，便剪春山好出遊。花下莫教霑露滴，燈前還擬覆香篝。興來小步隋堤上，滿袖東風散旅愁。

全詩從落拓、贈帛、愛惜之狀，到散旅愁連貫寫下來，很直接的表現出當時受贈衣帛的情緒轉變。讀來也只使人知道板橋當日落魄的情形，加上這只是作者的一件小事，所以沒有特別使讀者有感受的地方。再看陸游的〈數日不出門偶賦〉：

> 湖上蝸盧僅自容，寸懷無奈百憂攻。補衣未竟迫秋露，待飯不來聞午鐘，稚子挾書勤質問，鄰翁釋耒間過從，今朝一笑君知否，滿瓮新醋粥面濃。

也只是個人生活的點滴感懷，寫來順暢，但用詞偏於淺露，所以也就較缺乏深致。板橋看到自己詩歌（尤其是七律）這一方面的傾向，而這是陸游最爲人批評之處，故而感慨自己詩歌頗有放翁氣了。

三、時人影響

個人詩歌風格的形成，先賢的影響雖深遠，但時人的影響更不可忽略。在（板橋自序）中，他自己說：「結交天下通人名士雖不多，亦不少。」事實上，他的交遊頗爲廣闊，在彼此往來，耳濡目染之下，對他的性格想法，必定有所影響；而板橋的詩歌又都是由性格思想率性自然的反映在詩歌中，所以雖然是對板橋的人有所影響，事實上也是對其詩有所影響。這當中最重要的，當然首推揚州八怪。

「揚州八怪」是指清代乾隆年間形成揚州地區的一個畫派，而八怪乃這個畫派的主要代表成員，即汪士慎、黃慎、金農、高翔、李鱓、鄭燮、李方膺與羅聘[88]。在此，我們先將他們以及與板橋的交往情形做一個簡介[89]。

（一）李　鱓

李鱓，字宗揚，號復堂，別號甚多，如懊道人、衣白山人、中洋化等。亦是興化縣人，家境富裕。曾任清宮內廷供奉，爲宮廷畫師，《清史》記載其畫「花鳥學林良，多得天趣」[90]但他因不依規定作畫而被開除。後出任山東滕縣知縣，因觸犯權貴而罷官歸里。板橋在〈飲李復堂宅賦贈〉詩中，說他是「主人起家最少年，……才雄頗爲世所忌」，又說他「聲色荒淫二十年，丹青縱橫三千里」可見李鱓也曾是一位

---

88 另一說則去高翔、李方膺，而加閔貞與高鳳翰。而汪士慎、黃慎、金農、李鱓、鄭燮、羅聘是比較沒有異議的固定成員。一般來說，則以第一種說法爲多。

89 主要根據於《清史》，以及盛叔清所輯的《清代畫史》，還有鄭板橋集中有關的詩文；再參考由王幻先生所著的《揚州八家畫傳》（臺北：藝文誌文化事業公司出版，1970）、杜負翁所著的《揚州八怪漫談》（〈暢流〉，第三十七期第八卷，民國五十七年六月）等等。

90 見《清史》卷五百三，列傳二百八十九，藝術三。

落拓於揚州的才子。雖然他成名較早，又長於板橋，但二人的交情則介乎師友之間，在〈板橋自敘）中有言：「同邑李鱓復堂相友善。」，又曰：「索畫者，必曰復堂；索詩文字者，必曰板橋，且愧且幸，得與前賢埒也」。再從〈署中示舍弟墨〉中的：「李三復堂，筆精墨渺」之句來看，它對李鱓的畫頗爲佩服。因他二人相識甚早，而仕途之遭遇又頗爲類似，興趣也頗有同好，故二人情誼深厚，在李歿之後，板橋在題畫〈蘭竹石〉中，他說：「今年七十，蘭竹益進，惜復堂不再，不復有商量畫事之人也」，而〈懷李三鱓）一詩中，更有「夢中長與先生會」之句，可見他對李思念的深刻。

李鱓對板橋詩歌的影響，在於李是一個灑脫放縱的人，在與板橋多年交往中，對他的性格不無影響；再由性格反映到詩歌作品之中。另外，李曾鼓勵他朝科舉仕途發展，而使他發憤努力讀書，再爲板橋詩歌充實了更豐富的學術基礎。

（二）金　農

金農，字壽門，號冬心，浙江仁和人，別號多達二十幾個，如金二十六郎、蘇伐羅古等。《清史》說他「好學癖古。儲金石千卷。中歲游跡半海內。寄居揚州。遂不歸。分隸小便漢法。……年五十，始從事於畫。……繼畫梅……復畫佛……性通峭。世以迂怪目之。詩亦鑱削苦硬。」[91]板橋與金相識在「十載揚州作畫師」[92]時，金可以說是將他帶入「縫

91 同註 90。
92 見〈和學使者於殿元枉贈之作〉詩。

衣歌妓家」[93]的密友。當時他們常出入酒家歌樓，流連於醇酒美人，斷袖餘桃。也因此，板橋才有日後那些描寫風流落拓及對懷念娼妓的詩歌；同時也不免有些輕綺之作，不過這類作品在詞鈔中比較顯見[94]。另外，板橋對金的人品和才華也是很佩服的，尤其是其民族意識和以布衣終老的氣節。[95]有一回他聽說金農生病去世，便服緦設祭而哭，後來知道是誤傳，才破泣而笑，二人情誼之深厚可見一般，[96]所以金對他應是頗有影響力。另外，他們的書法，鄭爲「六分半書」，金爲「漆書」，皆以不同舊俗的怪聞名，康有爲批評他們是：

> 乾隆之世，已厭舊學。冬心板橋，參用隸筆。然失則怪。此欲變而不知變者。[97]

不過他們具有創新的精神是不容否認的；如板橋的〈與

---

93 見〈落拓〉詩。

94 如〈賀新郎・有贈〉、〈玉女搖仙珮・有所感〉、〈滿庭芳・贈歌兒〉等等，其中可堪綺豔代表的要算〈柳梢青・有贈〉：
韻遠情親，眉梢有話，舌底生春，把酒相偎，勸還復勸，溫又重溫。柳條江上鮮新，有何限鶯兒喚人。鶯自多情，燕還多態，我只卿卿。

95 《清史》對金司農載有：「布衣。薦鴻博。」之句，既是薦鴻博，爲何又是布衣呢？原因即在他雖薦舉博學鴻詞，但堅決不就，乃以布衣終老。板橋在絕句二十一首的〈金司農〉詩前之註，也特別標出他「舉鴻博不就」。

96 金農著，《冬心先生集》，〈冬心自寫真題記〉：「十年前臥疾江鄉，吾友鄭進士板橋，宰濰縣，聞予捐世，服緦麻，設位而哭。……仲道，……乃云冬心先生，……至今無恙也，板橋始破涕改容，千里致書慰問，予感其生死不渝，賦詩報謝之……」。

97 馬宗霍編輯，《書林藻鑑》，（臺北：台灣商務印書館，1982）卷十二。

金農書）中，可以看到他們討論詩文藝事中，所顯現出來與眾不同的看法。板橋說：「夫織女乃衣之源，牽牛乃食之本，在天是爲最貴」，前人只道牛郎織女七夕相會，而很少從衣、食（即民生方面）去討論。所以，金對板橋的影響，除間接影響部分詩歌內容之外[98]；民族意識及創新的精神，也由人而至於詩的風格。

（三）汪士慎

汪士慎，字近人，號巢林，又號溪東外史，晚年因目疾左眼失，乃號左盲生。爲八怪中年齡最長者，安徽休寧人，後流寓揚州。因幼時居於鄉野，所以愛好自然，畫亦以花卉爲善，尤其是梅花與水仙，清妙獨絕，似不食人間煙火，板橋在〈題畫竹六十九則〉中收錄自朱屺瞻藏墨跡的一則說：「揚州汪士慎，……妙寫竹，……」可見他也善於畫竹。書法則「古樸、瘦硬，無姿媚之態」，詩則「味清雅，短句題識，亦頗古逸」，而歌行體則「氣魄雄渾」[99]。他雖然盲眼，卻仍繼續作畫，甚至還猶勝目明時，且謂「從此不復見碌碌尋常人，覺可喜也」[100]，這種灑然的個性，正是板橋所欣賞的。

（四）黃　慎

黃慎，字恭壽，號癭瓢，福建寧化人。詩畫有名，板橋

---

98 即指出現在詩歌中那些對當年落拓荒唐的憶往。

99 王幻著，《揚州八家畫傳》，（臺北：藝文誌文化事業公司，1970），頁 16。

100 同註 96，〈冬心三體詩〉。

尊他爲「七閩老畫師」。性嗜酒，爲人「性格脫略，有古狷士風」，[101]事母至孝。《墨林今話》載曰：擅三絕之譽，……王乙山先生稱其詩畫皆有物外之趣」[102]，畫以人物爲最，字學懷素狂草，詩則崛強有風致。曾與板橋、李鱓同寓揚州天寧寺，當時三人常相出入，品詩論畫，板橋也頗折服於這位年長他六歲的畫家，他在〈黃慎〉的詩寫著：

> 愛看古廟破苔痕，慣寫荒崖亂樹根；畫到情神飄沒處，更無真相有真魂。[103]

故其爲人與詩作對板橋必有移化之處。

（五）高　翔

高翔，字鳳崗，號西唐，又號墀堂，別署垢道人，揚州甘泉人。「博學工詩文，善隸書，爲人品行端正」且「平生篤於朋友之義，有高士風」，與石濤友善，石卒後，他年年爲之掃墓按酒。善畫山水，又「精金石篆刻，尤擅考証鑑賞之學」，其詩「清逸脫俗，畫意題識，別饒風味。」[104]關於他與板橋之間的交往，資料不多。但應可想像西唐端正的品行，朋友之義，清逸之詩，對板橋的人格與詩歌，亦是有所作用的。

---

101 同註 99，頁 63。

102 見【清】蔣寶齡著，《墨林今話》，（臺北：學海出版社，1993），卷一。

103 見〈絕句二十一首〉。

104 以上所引，同註 26，頁 135、136、143。

（六）李方膺

李方膺，字虬仲，號晴江，又號秋池，抑園；別署白衣山人等。江蘇通州人。其宦途的遭遇，與板橋頗爲相似。首因救災有功而見妒於太守幾繫囹圄；後又爲不願擾民以事開墾，而觸牴大吏而下獄，高宗時得反正。終又因違例請賑以救年荒而被劾去官。他與板橋皆原無意仕進，至爲官時，則同樣是飽受挫折。其「性情亢直，不喜逢迎」[105]又與板橋同。《清代畫史》說他「松竹梅蘭及諸小品，不守矩矱」[106]，詩則「清新絕俗」。[107]李與鄭不但遭遇、性情相像，也都是清廉循吏與落拓畫家。

（七）羅　聘

羅聘，字遯夫，號兩峰，又號花之寺僧，江都人，爲金農的弟子，《清史稿》說他「耽禪悅」[108]《清稗類鈔》則記曰：「能畫，尤工梅，生有異稟，目見鬼物，久之，成鬼趣圖」[109]中歲喪妻，畫風乃變，專畫佛、羅漢、鍾馗，皆非常精妙。他的畫無論「用筆、用色、構題，及題材各方面，均是史無前例的新創」[110]。在八怪當中，他年代最晚，可算是

105 同註 26，頁 152。
106 盛叔清輯，《清代畫史》，（臺北：廣文書局，1970），卷二十五。
107 同註 26，頁 155。
108 見《清史》卷五百四，列傳二百九十一，藝術三。
109 【清】徐珂著，《清裨類鈔》，〈藝術類〉（臺北：商務印書館，1983），頁 75。
110 高準著，《大陸雜誌史學叢書》，〈晚明及清代的繪畫流派與風格〉（臺北：大陸雜誌社，1969），三十九卷六期，頁 89。

揚州畫家之繼承者。

由此可以看出，八怪中真正是揚州人的只有三位，即板橋、李鱓、高翔。且除了李鱓、板橋、李方膺曾官知縣外，其餘皆是布衣。而他們各個的遭遇都不是很如意順利，卻都是很有個性，不願向命運低頭。自然在文藝思想上，也是有自我主張而不願趨附時尚。在繪畫上，他們最大的貢獻，乃是在當時「四王吳惲畫派，互相因襲的頹廢風氣」中[111]，突破窠臼，摒棄傳統的院畫體，勇於革新，在徐渭、陳淳、石濤、八大山人的基礎上，率性發揮，創造出屬於自己獨特風格的新畫派。傅抱石先生在〈板橋試論〉一文提到：

> 發展了花鳥畫，擴大了許多生動的題材，豐富了許多現實的內容，提倡詩、書、畫、印的綜合發展。特別是後者，他們作出了輝煌的業績並留下了豐富的財富。應該說『揚州八怪』的形成和發展……使現實主義優秀的傳統大大向前推進了一步。[112]

但是他們這種不合當時潮流的畫，以及狷介的個性，在那時循規蹈矩，保守固舊的風尚中，就變成了衛道人士口中的「偏頗邪異」，成了「狂怪之徒」，處處受排斥和詆譭。唯有「自古風流地」的揚州[113]，隨經濟的發達而呈現出清新

---

111 周千秋著，《中國歷代創作畫家列傳 — 揚州八怪之一鄭板橋》，（臺北：藝術圖書公司，1974），頁 204。
112 同註 14，頁 3。
113 板橋〈送都轉運盧公〉有「揚州自古風流地」之詩句。

的文化氣象，能夠接納他們的怪（因為這種「怪」，也是一種「新」）。所以他們都曾先後到此地賣畫為生，造成了當地畫風的興盛。這就是《清史》上所說的：「乾嘉之間，浙西畫學稱盛。而揚州游士所聚，一時名流競逐」[114]，因此，揚州八怪也代表了揚州畫派。

八怪之間，彼此都有交誼，互相仰慕，也互相影響，而共同的畫風是「有一種倔強俏拔的氣概，旺盛的生命力」。[115] 而這也是板橋在「八怪」的這個團體中，所受到最大的影響，乃至及於板橋的詩歌。

綜上所述，鄭父立庵先生與師種園先生為板橋的詩歌，奠下了良好的基礎。而真正的淵源，則在於詩經「反映現實民生」的描寫，與曹操詩的雄渾氣勢，以及杜甫詩對「現實主義」的發揚與沈雄之風格；另外，還有陸游詩「隱而言」的無奈與明白通曉的語言表達。至於揚州八怪，乃是時人友朋往來的相互影響，彼此潛移默化，但他們那種不隨流俗，不拘傳統的創新與狂怪，也進一步形成了板橋詩歌的真正的特色。

---

114 同註 108。

115 呼延夜帕著，《藝林叢錄》第二編，「揚州八怪畫風」，（臺北：谷風出版社，1986），頁 315。

第二章　鄭板橋詩歌分類析論（上）

早在梁代蕭統所編的《昭明文選》，就已依題材特徵，將詩歌分爲：

一、補亡詩
二、述德詩
三、勸勵詩
四、獻　詩
五、公宴詩
六、祖餞詩
七、詠史詩
八、百一詩
九、游仙詩
十、招隱詩
十一、反招隱詩
十二、遊覽詩
十三、詠懷詩
十四、哀傷詩
十五、贈答詩
十六、行旅詩
十七、軍戎詩
十八、郊廟詩
十九、樂　府
二十、挽　歌
二一、雜　歌
二二、雜　詩
二三、雜　擬

這樣的分類雖然頗爲繁瑣，但它強調了對具體詩體的個別研究[1]，況且有些類別，至今還爲人沿用。

1 此段話乃參考古遠清著，《詩歌分類學》，〈緒論〉，第一節「研究詩歌分類的意義」（高雄：復文圖書出版社，1991），頁 1、2。

其實，詩歌的分類，是一件頗爲吃力不討好的工作。因爲詩人在創作時，並不會特地先去分類，然後再以符合其分類的定義去寫作；同時詩人總是即事感情，觸景生情，睹物思情；情、景、意，往往相互交融，加上內容與形式沒有固定的配合格式，所以在內容形式上很難去劃定一個明顯的界線。當然，詩歌分類的依據並非只有內容與形式，還有如時期、體材等，從各角度去分。但板橋的詩歌，因爲年代的不同而顯示出的差異性，不是非常特別、明顯；況且有些詩的繫年，目前還沒有一個定論[2]，在體裁方面，也沒有特定的組合。因而，要據此來分，亦不甚妥當。

板橋「落拓江湖數十年，見聞廣多，其詩詞表現的生活面頗廣：有詠史的，有嗟嘆身世的，有舒懷述世的，有感舊懷人的，有敘述軍旅生涯的，有痛訴人民苦難與官吏暴虐的，有悲嘆婦女、兒童不幸的，有描繪鄉土風光的，等等……」[3]在此，以其創作當時之動機與目的，將他三百多首詩歌分爲社會詩、感懷詩、題畫詩、酬贈詩、其他，共五大項，再由各項中別分細目。雖然如此分類，仍有許多不周全之處，但一來方便於解析其詩歌；二來也因板橋這五大類詩歌，有其

2 如揚州賣畫的時間，陳書良等人所著的《難得糊塗鄭板橋》一書，認爲是三十一歲開始；但沈賢愷在《鄭板橋研究》中，則認爲是婚後二十四歲開始；杜英穆編著的《別傳叢刊 — 名士鄭燮》，亦持相同看法；而王家誠所著的〈揚州八怪中的鄭板橋〉，則認爲是十九歲；王建生在〈鄭板橋生平考釋〉一文中，只提到婚後去揚州賣畫，但沒有說出確定時間。……故而，在這段期間所作詩歌的年代，亦有待更確實詳細的分析。

3 懷萱著，〈鄭板橋其人及其三絕〉，《人生》雜誌（1966），三十卷十期，頁 24。

個人的特色與一定的價值。

第一節　直追杜甫的社會詩

社會詩，顧名思義應該是描寫有關社會人、事、物的詩歌。劉大杰在其所著《中國文學發展史》[4]提到，從詩經變風變雅的詩歌裏，「我們不但可以看出西周後期和東周初期的社會現象；而且從整個文學史看，反映現實，尤其是民間疾苦，從此也就成爲我國文學傳統中的主要內容之一。」由此段話中，可以得到一些觀念，即身爲中國傳統文學要角的社會詩，歷史淵源悠久，且從詩經的變風變雅已有明確的內容，那就是反映社會現象，特別著重於民生疾苦的反映。黃景進在〈中國的社會詩〉一文，更明確的談到了社會詩的特色是：

1.人物較為平凡。
2.以現實生活及情感為對象。[5]

他並且說：「社會詩使我們更親切的了解當時的歷史，也使我們了解到文學與社會的關係。由這些社會詩，我們可以看到社會變動對詩歌產生的影響，也可以看到詩人如何從生活中取材及面對生活的態度。」

4 第二章〈社會詩的產生與文學的進展〉，（臺北：華正書局），頁 45。
5 黃景進，〈中國的社會詩〉，《中國詩歌研究》，（臺北：中央文物供應社，1985 年），頁 415。

而中國的「古典社會詩」[6]，從先秦、漢魏、唐、宋，以至於清，一直綿延不斷的發展，各有特色：如先秦的社會詩偏向主觀與言志；漢魏的社會詩則是以旁觀者的態度描述，同時題材、篇幅較前擴大，敘述也更具故事性；到了唐朝，更有許多著名的社會詩人，如杜甫、元結、張籍、元稹、白居易等。其中，杜甫更是社會寫實詩人的代表，有「詩史」之稱；白居易則具體提出「補察時政，洩導人情」，「爲君爲臣爲民爲物爲事而作」的主張。而隨著時代的發展，社會益形複雜，也產生了許多新的問題，使得題材範圍亦爲之擴大；加上唐詩比較感性，因此唐代的社會詩也常流露出詩人柔性的感懷。至於宋詩是偏於理的，加上宋朝歷經諸多外患[7]，雖然經濟高度發展，但國勢始終衰弱，因此宋詩中有許多唐以前所沒有的社會詩，如描寫淪陷區內人民生活情感，但整體來看，「宋人最喜歡描寫的還是農民的痛苦。」不過，宋詩的成就「不在發現新題材，而是對題材的處理方式。大致說來，宋人較富理性批判的精神，他們的態度較爲冷靜仔細。」[8]

元、明二代，詩歌消沉了許多。清在文學史上，是中國的「文藝復興時代」[9]，雖然梁啓超曾言清代的詩歌，可謂衰

6 此說是針對現今的新詩而言。

7 先有遼、夏、金，後又有元。

8 以上此段話乃參考黃景進所著〈中國社會詩〉，加以筆者自己意見而改寫的，至於引用原文處，則以上下引號標出。

9 梁啓超在《清代學術概論》一書的〈自序〉中提到：「余於十八年前，嘗著中國學術思想變遷之大勢，刊於新民叢報，其第八章論清代學術，章末結論云：『此二百餘年間總可命爲中國之「文藝復學時代」……』」。

弱之極。但事實上，比起唐宋，自然不如；若與元明相較，還是有所進步，其中亦不乏佳者。清的社會詩，因異族極權統治及復古思想的流行而顯現不同的風貌。一般而言，在文字比較上有所忌諱，在內容題材上則多偏向社會下層階級的疾苦，在表現形式上常歸趨唐宋，但也有部份自成一派者。板橋的社會詩，在這其中，又有什麼風貌呢？

依據前文提到有關社會詩的定義，在板橋的詩作中，大概有七十一首可歸爲社會詩，約佔詩鈔四百零六首[10]的六分之一弱。其中包括〈揚州〉有四首，〈范縣詩〉有十首，〈濰縣竹枝詞〉則有四十首之多，餘皆一題一首。當中特別要說明的是，〈思歸行〉之所以沒有列入社會詩，乃在於前半段雖然談到了當年濰縣災荒的情形，但從「臣也實不才，吾君非不良」開始，是作者個人的情緒感慨，而且此詩的創作動機，乃是因賑災受誣有所感而發，目的也只是發洩個人的不滿與感懷，故將之列爲感懷詩。另外，還有〈破屋〉一首，雖然只是描寫衙門的冷清之狀，但足以反映當時當地之社會政治情況，故列入社會詩之中。綜觀這七十一首社會詩，可以將其內容分爲三大部分，即：

一、政治方面

談到的大多是貪官惡吏迫害人民的情形。〈悍吏〉、〈私刑惡〉是專門以此爲主題之作：

10 若再將補遺的題畫詩包括在內，則在全部五百六十七首中占了約八分之一。

> 縣官編丁著圖甲，悍吏入村捉鵝鴨。縣官養老賜帛肉，悍吏沿村括稻穀，豺狼到處無虛過，不斷人喉抉人目。長官好善民已愁，況以不善司民牧。山田若旱生草菅，水田浪闊聲潺潺。聖主深仁發天庾，悍吏貪勒為刁奸。索逋洶洶虎而翼，叫呼楚撻無寧刻。村中殺雞忙作食，前村後村已屏息。嗚呼長吏定不知，知而故縱非人為。（〈悍吏〉）
>
> 官刑不敵私刑惡，掾吏搏人如豕搏；斬筋抉髓剔毛髮，督盜搜贓例苛虐。吼聲突地無人色，忽漫無聲四肢直；游魂蕩漾不得死，婉轉迴甦天地黑。本因凍餒迫為非，又值姦刁取自肥；一絲一粒盡搜索，但憑皮骨當嚴威。累累妻女小兒童，拘囚繫械網一空；牽累無辜十七八，夜來鎖得鄰家翁。鄰家老翁年七十，白挺長椎敲更急。雷霆收聲怯吏威，雲昏雨黑蒼天泣。（〈私刑惡〉）

〈悍吏〉以好善的縣官對比如豺狼的悍吏，再以驚懼恐慌的百姓強調悍吏的爲惡。這是板橋出遊時的見聞，所以其感觸也特別深刻。也許，他自幼在淳樸的小邑生長，一時還不能相信原來社會竟存在著這麼多的黑暗，因此在詩末時，感慨萬千的說：「嗚呼長吏定不知，知而故縱非人爲」。至於〈私刑惡〉也是同一時期的作品，在此詩中，他以更生動的文字，描寫了胥吏是如何惡毒的凌虐百姓。同時對「本因凍餒迫爲非，又值姦刁取自肥」的窮苦百姓，寄予無限的同情。這時人的感慨也不足以道盡心中的感受，代之而起的是「雲昏雨黑蒼天泣」，連蒼天都要為社會的不公平，為百姓的痛苦哭泣，可見這些貪官悍吏真的是人神共憤了！

而部分有關詩句，則如〈范縣詩〉的「官差分所應，吏攫竟何極」，〈濰縣竹枝詞〉的「掃來草種三升半，欲納官租賣與誰」等。其中〈范縣〉的「縣門一尺情猶隔，況是君門隔紫宸」則談到當時為人宮長者，不見得能盡詳民瘼，反映到政治、官吏的缺失。雖然多以描繪惡吏惡治為多；不過，〈後孤兒行〉中的「賊白冤故，官亦廉知」，以及〈濰縣竹枝詞〉之三十五中的「慚愧他州兼異縣，救災循吏幾封書」，則表示也有清官循吏，但是在不清明的政治社會下，廉吏還是抵不過「悉力買告」，循吏亦不免要受到冤誣。[11]

二、社會方面

此有兩大主題，一為社會不平等現象的反映，如〈孤兒行〉、〈後孤兒行〉描寫孤兒的悲慘遭遇；〈姑惡〉則是惡婆婆虐待小媳婦的情節；〈海陵劉烈婦歌〉，顯示了舊時代封建社會下傳統女性的節烈殉夫。這些反映傳統封建社會，在倫理階級上存在的問題，舉〈孤兒行〉來看：

> 孤兒躑躅行，低頭屏息，不敢揚聲。阿叔坐堂上，叔母臉厲秋錚錚。阿叔不念兄，叔母不念嫂。不記瘦嫂

---

11 板橋自己即是因賑災而被誣貪瀆。

> 病危篤，枕上叩頭，孤兒幼小；立喚孤兒跪，病床拜倒。拭淚諾諾，孤兒是保。嬌兒坐堂上，孤兒走堂下；嬌兒食粱肉，孤兒兢兢捧盤盂，恐傾跌，受笞罵。朝初汲水，暮莝芻養馬。莝芻傷指，血流瀉瀉。孤兒不敢言痛，阿叔不顧視，但詈死去兄嫂，生此無能者。嬌兒著紫裘，孤兒著破衣；嬌兒騎馬出，孤兒倚門扉。舉頭望望，掩淚來歸。晝食廚下，夜臥薪草房。豪奴麗僕，食餘棄骨，孤兒拾齧，並遺膹羹湯。食罷濯盤浴釜，諸奴樹下臥涼。老僕不分涕泣，罵諸奴骨輕肉重，乃敢凌幼主，高賤軀。阿叔阿姆聞知，閉門悄坐，氣不得蘇，終然不念煢煢孤。老僕攜紙錢，出門哭孤兒父母，頭觸墳樹，淚滴墳土。當初一塊肉，羅綺包裹，今日受煎苦。墓樹蕭蕭，夕陽黃瘦，西風夜雨。

一個是無父母，受盡欺凌的孤兒，一個是受盡寵愛的嬌兒，在列舉出他們的言行遭遇時，強烈的對比即讓人不免要為人性的自私偏袒深深嘆口氣。這種人性的黑暗，造成了許多社會的不公平，即使到現今，這樣的例子還是時有所聞。

也有描述貧富不均的遭遇者，如〈揚州〉之四的「盡把黃金通顯要，惟餘白眼到清貧」；還有〈濰縣竹枝詞〉之三十五的「濰縣原是富豪都，尚有窮黎痛剝膚」等。至於談到富者豪奢，貧者蹇困的情形，如〈濰縣竹枝詞〉之五的：

> 豪家風氣好栽花，洋菊洋桃借口誇。昨夜膠州新送到，一盆紅豔寶珠茶。

倒是〈撫孤行〉的寡母辛苦撫育孤兒，以及〈李氏小園〉的貧賤母子相依爲命，則顯示了窮苦人家溫馨的親情，在揭發社會的黑暗殘酷下，可算是一股清流。尤其是〈撫孤行〉：

> 十年夫歿扃書篦，歲歲曬書抱書哭；縹緗破裂方錦紋，玉軸牙籤斷湘竹。孀婦義不賣藏書，況有孤雛是遺腹，四壁塗鴉嗔不止，十日索墨五日紙；學俸無錢愧塾師，線腳鍼頭勞十指。燈昏焰短空房黑，兒讀無多母長織。敗葉走地風沙沙，檢點兒眠聽曉鴉。

在這裏我們看到這位寡母雖然是「歲歲曬書報書哭」，但再貧困，也不賣掉先夫所留下的書。即使兒子還不知體貼母親的辛勞，甚至還會「四壁塗鴉嗔不止」，她還是努力堅強的扛起家務，在板橋詩歌中，專門詳細描寫偉大女性的堅毅者，除了〈海陵劉烈婦歌〉之外，就是這一篇了。

另一主題則是老百姓平日生活風土民情的描寫：如〈揚州〉的「千家養女先教曲，十里栽花算種田」，說的是揚州當時的風氣；〈范縣詩〉的「十五而聘，十七而婚」則是范縣的婚嫁風俗；至於對生活情節的描述，板橋更是常能從平凡之處去寫出具體的景象，如〈濰縣竹枝詞〉之十五的：

> 北窪深處好拏魚，淡蕩春風二月初。河水盡開冰盡化，家家網罟曝村墟。

其他還有〈長千里〉、〈登范縣城東樓〉、〈破屋〉，亦屬於此類。至於〈白門楊柳花〉，全詩則皆敘述南京當時男女相互調情的模樣，在這些社會詩中，算是比較特殊而少見的。值得注意的是，板橋在描寫地方風情時，對於淳樸的地方，往往用淳樸的句法，如〈范縣詩〉的「十畝種棗，五畝種梨」這種淳樸簡單的文句；反之，在形容繁華的揚州，就用「江上澄鮮秋水新，邗溝幾日雪迷津」這種巧麗之句。

三、災荒方面

指的是天然災害引起人民的苦痛。最具代表性的即是〈逃荒行〉、〈還家行〉。前者是說明濰縣人民在災荒發生時，紛紛離家逃難，一路上充滿了艱辛坎坷，尤其是「賣盡自家兒，反爲他人撫」的詩句，讀來真令人有無限的感慨與辛酸。雖然也有「聒耳聞鄉語，婦人敘親姻，男兒說門戶；歡言夜不眠，似欲忘愁苦」的短暫輕鬆；事實上，遠離家園後，雖然人是平安了，然而卻已一無所有，前途更是茫茫不可計，難怪要「身安心轉悲，天南渺何許。萬事不可言，臨風淚如注」。而〈還家行〉則是〈逃荒行〉的續集：

> 死者葬沙漠，生者還舊鄉；遙聞齊魯郊，穀黍等人長。
> 目營青岱雲，足辭遼海霜；拜墳一痛哭，永別無相望。
> 春秋社燕雁，封淚遠寄將。歸來何所有，兀然空四墻；
> 井蛙跳我灶，狐狸據我床。驅狐窒鼯鼠，掃徑開堂皇；
> 濕泥塗舊壁，嫩草覆新黃。桃花知我至，屋角舒紅芳；

舊燕喜我歸，呢喃話空梁；蒲塘春水暖，飛出雙鴛鴦。念我故妻子，鬻賣東南莊；聖恩許歸贖，攜錢負橐囊。其妻聞夫至，且喜且徬徨；大義歸故夫，新夫非不良。摘去乳下兒，抽刀割我腸。其兒知永絕，抱頸索阿娘；墮地幾翻覆，淚面塗泥漿。上堂辭舅姑，舅姑淚浪浪。贈我菱花鏡，遺我泥金箱；賜我舊簪珥，包并羅衣裳。『好好作家去，永永無相忘。』後夫年正少，慚慘難禁當；潛身匿鄰舍，背樹倚斜陽。其妻徑以去，繞隴過林塘。後夫攜兒歸，獨夜臥空房；兒啼父不寐，燈短夜何長！

說到避難回來後，一方面是「濕泥塗舊牆，嫩草覆新黃」的積極重整家園；但人事已非，「鬻賣東南莊」的妻子，無論選擇原夫或新夫，都將在天災之後，掀起倫理親情的悲劇。此外，還有〈禹王臺北勘災〉，說的是有關水災的情形，其中「波濤過處皆鹽滷，自古何曾說有年」，和〈登范縣城樓東〉的「時平兼地僻，何況又豐年」，真是極大的對比。

這些板橋以說故事性的淺白文字所寫成的詩歌，都是他任職於濰縣時所親眼目睹，所以寫來非常真實詳細。當時他雖然開倉賑災，但是所施有限，而要幫助的災民卻是那麼多。即使救得了許多人的生命，但是家園的殘破，逃難時的骨肉流離，又豈是區區一個縣令所能一一恢復。更何況詩中所述賣妻贖妻之事，無論什麼結果，都有人受到傷害，這一切都令愛民如子的板橋感到痛心。也因此這社會詩不但真實，而且充滿了悲天憫人的感情。

以上所述的社會詩中，可以發現幾個特點：

首先，在反映社會不平等問題且較有情節性的社會詩中，都會於受害者之外出現善惡兩方的人物。如〈悍吏〉的「縣官」與「悍吏」[12]；〈私形惡〉的「鄰家翁」與「掾吏」[13]；〈孤兒行〉的「老僕」與「兄嫂」[14]；〈後孤兒行〉的「鄰人」與「丈夫翁」[15]；〈姑惡〉的「姑」與「翁」[16]；比較特殊的是〈逃荒行〉與〈還家行〉，惡的一方指的是「災難」，而善的一方則是那些飽經折磨，卻還能散發出人性光輝的「災民」。

其次，板橋在寫這些社會詩時，往往是站在旁觀者的角度去敘述，很少有詩人主觀的批評在內。但是在心態上，他卻總是站在弱者的一邊，寄予無限的同情與慨歎。如〈孤兒行〉的末六句：「當初一塊肉，羅綺包裹，今日受煎苦。墓樹蕭蕭，夕陽黃瘦，西風夜雨」以及〈姑惡〉中的「嗟嗟貧家女，何不投江湖？江湖飽魚鱉，免受此毒荼。嗟哉天聽卑，豈不聞怨呼？」

同時，我們也應注意到，在這七十一首社會詩當中，並沒有談到「戰亂兵禍」的事，這是因爲當時正値盛世，所謂「中原百歲無戰爭」[17]。倒是常提及貧富不均造成的差距，

---

12 縣官是「養老賜帛肉」，悍吏則「沿村括稻穀」。

13 鄰家翁是「白挺長椎敲更急」，掾吏則「督盜搜贓例苛虐」。

14 老僕是「不分涕泣，罵諸奴骨輕肉重，乃敢凌幼主」，「兄嫂」則「終然不念煢煢孤」。

15 鄰人是「救得活全」，丈夫翁則「鼠心狼肺」。

16 翁是「略勸慰」，姑則「努力真兇屠」。

17 見〈長干里〉詩。

顯見板橋認爲當時最大的社會問題，在於富者太富，貧者太貧，而政府是下者相欺，上者又不察。

此外，雖然板橋眼中的社會，總是「尙有幽隱難盡燭」[18]的時候，要多於「大家歡喜說豐年」[19]的時候，但板橋心中還是有一份造就理想社會的方法。除了要「匪淫匪婪」，「墾墾力力」[20]外，還要有「十里春風作化城」[21]的教化，以及「留取三分淳樸意」[22]的風俗。因爲他認爲像遠古陶唐時的質樸社會，人心單純善良，才會使大家都生活在安祥康樂之中[23]。

劉大杰在《中國文學發展史》[24]說：

> 杜甫的一生，始終輾轉於窮困的生活裏。從他個人的生活經驗，得到對於百姓窮苦生活的體會、觀察與同情。……這一種深入生活的體驗，細密的觀察與深厚的同情，成為他的現實主義詩歌的重要基礎。

這段話放在板橋的身上，竟也是非常的貼切。雖然他們的經歷並不完全相同，除了同樣經濟生活很貧匱之外，杜甫最大的困頓，在於遭遇到「安史之亂」，甚至在此戰亂中幾度有喪命之虞。戰亂的苦難，使杜甫的詩歌有更深刻的內容，

18 見〈汶縣〉詩。
19 見〈濰縣竹枝詞〉之三三。
20 二處皆見〈范縣詩〉之十。
21 見〈濰縣竹枝詞〉之二三。
22 見〈濰縣竹枝詞〉之四十。
23 見〈濰縣竹枝詞〉之四十，末句即是「與君攜手入陶唐」。
24 見第十五章「二、杜甫的生平及其作品」，頁 491。

這是板橋所沒有的。但他們對民情疾苦的披露，以及他們憂民愛民的精神，可說是不相上下。王幻在所著的《鄭板橋評傳》中則談到：「我們可以說，自杜甫而後的寫實主義者，能表現如此親切，感人和生動的作品，只有板橋一人而已。」[25]因此，乃稱板橋的社會詩是「直追杜甫的社會詩」。

第二節　發抒胸臆的感懷詩

感懷詩的範圍可說非常之大，主要是觸及作者、個人主觀情感表達的，應該都可以列入感懷詩中，所以不只是時事，其他一切事物，都可成爲感懷詩中的「觸媒」[26]。通常，一般較常見對「詠懷詩」的釋義，前人如《昭明文選》中李善注云：「詠懷詩者謂人情懷」[27]。而《詩經》大雅的〈蒸民篇〉雖然不是直接對詠懷下定義，但有「仲山甫詠懷，以慰我心」[28]之句。近人很多根據於前人之述，而有較詳細的說明，如邱鎮京在《阮籍詠懷詩研究》一文中有言：「詠懷詩目的在吟詠懷抱」[29]。而蔡茂雄在《高青邱詩研究》一文則談到：

---

25 見第四章〈板橋的作品〉，（臺北：台灣商務印書館），頁 100。
26 此處所謂「觸媒」，指引發作者情緒感受的媒介體。
27 【梁】昭明太子撰，【唐】李善著，《昭明文選》，卷第二十三。
28 見《詩經》大雅〈蒸民〉篇末二句。
29 邱鎮京著，《阮籍詠懷詩研究》，第四章「詠懷詩的版本及源流」，二、詠懷詩的源流，（臺北：文津出版社，1980），頁 123。

> 詩人在面對人生無常，仕途坎坷，兵燹不止，有志不伸，胸中鬱壘難解時，很自然的會想藉文字一吐苦悶，這是詠懷詩產生的背景。[30]

此外，劉遠智在《陳子昂及其感遇詩研究》一文則說到：

> 感遇云者，感之於心，遇之於目，以隱約之詞發抒內心之感也，今觀感遇詩三十八首之作，體兼風騷，義及比興，因詩之一體也。古詩浩繁，體各有別，枚、李以下，未立感遇，迄乎嗣宗，獨標詠懷，其風格與子昂感遇詩實甚相近。[31]

再看板橋有關抒發情懷，感於所遇的詩歌，有的是直接宣洩而出，有的是隨暗寓而來。所以，在此折衷「詠懷」與「感遇」二名而爲「感懷」。感懷者，乃作者感於所見所聞所歷，而使之有深刻或特別的自身感受，而以表達這個人種種深刻或特別的情緒觀感爲主題的詩歌，即爲感懷詩。故而，此類詩中必含有作者個人濃厚的主觀意識。以下，我們依觸發感懷的媒介不同，分爲「因事感懷」，「因地感懷」與「因史感懷」三部份來說明其內容。

---

30 蔡茂雄著，《高青邱詩研究》，第四章「作品」，（六）詠懷詩，（臺北：文津出版社，1987），頁 206。

31 劉遠智著，《陳子昂及其感遇詩研究》，（臺北：文津出版社，1987），頁 57。

一、因事感懷

此處的“事”，可指自己所經歷的事，也可指他人。自己方面，乃是對自身的遭遇經歷有所感言；至於他人方面則是在板橋生活中，他人的言行足以引動板橋深刻之情緒感受者。又可分爲兩部份：

（一）說明自身的看法

即作者個人對周遭環境的種種現象，有所感觸而發之爲詩。通常這些詩會帶有說理、勸戒，甚至責罵的口吻，如〈詩四言〉的「無奸不直，無淺不深」，一方面責罵小人的僞詐陰險，同時也勸人小心勿爲所騙。又如〈晝苦短〉一詩：

> 晝苦短，夜正不長。清歌妙舞看未足，樓頭曙鼓聲皇皇。明星拔地纔數尺，日光搖動來扶桑。晝苦短，晝亦不短。山中暇日如小年，塵世光陰疾如箭。古來開國多聖明，歷盡艱難身百戰；一朝勘定稱至尊，承明殿上頭毛變。安期棗盡還瘦羸，赤松黃帝墳纍纍，學仙學佛空爾為。晝苦短，西日飛。

他認爲人的時間是「山中暇日如小年，塵世光陰疾如箭」，但世人往往只在享樂時，才會嘆時間的不足，可是即使是仙人，也會有「安其棗盡還瘦羸，赤松黃帝墳纍纍」的時候，再怎麼追求富貴長命，還是逃不出自然時間的流逝。

勸人珍惜光陰，要做有用的事，才是真正的利用了時間。

至於兩首〈偶然作〉，可看出都是針對文人而來。尤其是前面的〈偶然作〉：

> 英雄何必讀書史，直攄血性為文章；不仙不佛不賢聖，筆墨之外有主張，縱橫議論析時事，如醫療疾進藥方。名士之文深莽蒼，胸羅萬卷雜霸王，用之未必得實效，崇論閎議多慨慷。雕鐫魚鳥逐光景，風情亦足喜且狂。小儒之文何所長，抄經摘史餖飣強；玩其詞華頗赫爍，尋其義味無毫芒。弟頌其師客談說，居然拔幟登詞場。初驚既鄙久蕭索，身存氣盛名先亡。輦碑刻石臨大道，過者不讀倚壞牆。嗚呼文章自古通造化，息心下意毋躁忙。

如果要了解板橋對文學的見解，這是一首很重要的詩歌，他主要在勸勉讀書人應當要注重文章的實用性。而另一首〈偶然作〉，則可說是前者的再發揮，除了責罵那些「幣帛千金收」、「詩句欽王侯」的「浪膺才子」外，更詳細說明所謂實用文章則是要能實雷民瘼，使史家能「借本資校讎」，使君王能「藻鑑横千秋」，才是真正動天地的文章。可見，板橋很重視詩文內容以及其功用。[32]

在這些詩歌中，大多是直接敘述板橋的想法，倒是〈觀潮行〉、〈弄潮曲〉是因觀看潮水和弄潮兒戲水的情形，而

32 關於板橋在〈偶然作〉所表達出的文學觀，會在第四章第三節「不隨流派的文學觀」中，再加以討論。

有所感受。如〈觀潮行〉：

> 銀龍翻江截江入，萬水爭飛一江急。雲雷風霆為先驅，潮頭聳並青山立。百里之外光熒熒，若斷若續最有情。崩轟喧豗倏已過，萬馬飛渡蕭山城。錢塘岸高石五丈，古松大櫟盤森塽。翠樓朱檻衝波翻，羽旗金甲雲濤上。伍胥文種兩將軍，指揮鯤鱷驚鼉蟒。杭州小民不敢射，盪豬擊彘來相享。我輩平生多鬱塞，豪情逸氣新搔癢。風定月高潮漸平，老魚夜哭蛟宮盪。

詩中幾乎全篇都以雄健之筆描述潮水的澎湃氣象，真正的感懷只有「我輩生平多鬱塞，豪情逸氣新搔癢」二句。由此可知，板橋對於自己不順遂的遭遇並不是全然看得開的，有時難免也有意志消沈的時候，但他豈是只會哀嘆之徒？在看了雄壯的潮水之後，心中暫時被澆熄的鬥志又重新燃起。他頑強的性格，是不會輕易向命運低頭的；即使再困頓，也有撥雲見日之時，所以他認爲人應該要有吃苦忍耐的工夫，就如在〈弄潮曲〉中所說的：「世人歷險應如此，忍耐平夷在後頭。」

（二）慨嘆自身遭遇

這是感懷詩的主要內容，也是此類詩中數量最多的。如〈自遣〉、〈七歌〉、〈村塾示諸徒〉、〈得南闈捷音〉、〈貧士〉、〈感懷〉、〈教館詩〉等等，都是表達對自己際遇的無奈。最具代表性的，即〈七歌〉，這組模仿杜甫〈七歌〉而作的詩，道出了板橋對父、母、後母、叔父、妻子、兒女、老師的喟嘆。可是真正該喟嘆的卻是自己，我們看七歌中每一首的末兩句：

> 嗚呼一歌兮歌偪側，皇遽讀書讀不得；
> 嗚呼二歌兮夜欲半，鴉棲不穩庭槐斷；
> 嗚呼三歌兮歌徬徨，北風獵獵吹我裳；
> 嗚呼四歌兮風蕭蕭，一天寒雨閒雞號；
> 嗚呼五歌兮頭髮豎，丈夫意氣閨房沮；
> 嗚呼眼前兒女兮休呼爺，六歌未闋思離家；
> 嗚呼七歌兮浩縱橫，青天萬古終無情；

這些詩中的遭遇大多是窘困的[33]，故而詩中所表現的心情也往往是無奈。

另外〈大中丞尹年伯贈帛〉、〈燕京雜詩〉、〈喝道〉、〈止足〉、〈家兗州太守贈茶〉、〈饒詩〉等等，則是以比較輕鬆的心情，寫出對遭遇的感懷。尤其是〈止足〉詩：

> 年過五十，得免孩埋；情怡慮淡，歲月方來。彈丸小邑，稱是非才。日高猶臥，夜戶常開。年豐日永，波淡雲迴。鳥鳶聲樂，牛馬群諧。訟庭花落，掃積成堆。時時作畫，亂石秋苔；時時作字，古與媚皆；時時作詩，寫樂鳴哀。閨中少婦，好樂無猜；花下青童，慧

---

33 即便是〈得南闈捷音〉詩，說的雖然是自己中舉的事，但心情上卻是「他年縱有毛公檄，捧入華堂卻慰誰」，依然是無奈要大過於高興。

> 點適懷。圖書在屋，芳草盈階。晝食一肉，夜飲數盃。有後無後，聽已焉哉！

詩中呈現的是板橋詩歌中少見的輕鬆愉快[34]。因爲在板橋一生中，總是有許多困阨的事，很少有「情怡慮淡」之時。但在范縣這個淳樸之地，訟事不多，又值「年豐日永」，身邊又有夫人（饒氏）相陪，所以心情是很逍遙悠閒的，連一直引以爲憾的「無後」[35]之事，都能聽已焉哉了。

至於〈哭犉兒五首〉、〈乳母詩〉、〈縣中小阜吏有似故僕王鳳者，每見之黯然〉等詩，其中的主角，一爲板橋的兒子，一爲其乳母，一爲其愛僕，都是與板橋關係親密的人，卻都先離他而去。這些詩充滿了懷念的心情，如〈哭犉兒五首〉：

> 天荒食粥竟為長，漸對吾兒泪數行。今日一匙澆汝飯，可能呼起更重嘗！
> 歪角鬏兒好戴花，也隨諸姊要盤鴉。於今寶鏡無顏色，一任朝光滿碧紗。
> 墳草青青白水寒，孤魂小膽怯風湍。荒塗野鬼誅求慣，為訴家貧楮鏹難。
> 可有森嚴十地開，兒魂一去幾時回？啼號莫倚嬌憐

34 指真實生活經驗中的輕鬆愉快，而非因有意識的「看開」或「超脫」，所感受到的輕鬆愉快。

35 板橋獨子犉兒約在他三十多歲時病歿。〈年表〉記載〈止足〉一詩作於五十二歲，而饒氏於他五十二歲時才生一子，所以當時板橋還是沒有子嗣。

態，邏刹非而父母來。

蠟燭燒殘尚有灰，紙錢飄去作塵埃。浮圖似有三生說，未了前因好再來。

雖然上述提到板橋對犉兒的病逝，於五十一歲所寫的〈止足詩〉中，似乎已淡然。可是再看〈哭犉兒五首〉所表現出的哀痛之情，可謂聲淚俱下！難怪在事隔二十年之後，他才能稍稍釋然。不過，最能代表板橋對個人在社會世俗上不被了解的感懷者，要算是〈自遣〉了：

嗇彼豐茲信不移，我於困頓已無辭；束狂入世猶嫌放，學拙論文尚厭奇。看月不妨人去盡，對花只恨酒來遲；笑他縑素求書輩，又要先生爛醉時。

這首詩明顯的表示出，板橋並不是全然不顧世俗的眼光，然而他的收斂，卻還是得不到他人的「接納」，所以他不免要感嘆「看月不妨人去盡，對花只恨酒來遲」，既然知音難尋，那就以自己爲友吧！因此，可以知道，板橋的心中對別人稱他爲怪，其實是存有些許無奈。

二、因地感懷

此處的地，乃指板橋居住過或行旅中經過的地方。這些地方，或因人事的記憶，或因景緻的配合，而勾起板橋的情緒感受。又可分爲：

（一）平日居地

如〈客揚州不得西村之作〉、〈再到西村〉、〈懷揚州舊居〉等詩，都是與揚州、西村有關。值得注意的是，詩中感懷之處，多是與女子有關，如〈客揚州不得西村之作〉的「落日無言秋屋冷，花枝有恨曉鶯痴」；〈再到西村〉的「送花憐女看都嫁，賣酒村翁興不違」；〈懷揚州舊居〉的「樓上佳人架上書」、「偷開繡帳看雲鬟」等等。想必是這些地方，都有使板橋心動的人吧！

比較不同的是〈惱濰縣〉：

> 行盡青山是濰縣，過完濰縣又青山。宰官枉負詩情性，不得林巒指顧問。

板橋是個愛好山水的人，可是在治理濰縣之時，因接連發生了大災荒，加上這個「原是小蘇州」[36]的繁華之地，存在著許多貧富不均的問題，使得板橋忙於公事，而無法好好欣賞濰縣的風景。將板橋詩下的揚州與濰縣比較，不難發現，雖然在揚州的日子，大多是窘困的時候多，然而回憶時，卻都是充滿懷念的語氣。但光是〈惱濰縣〉的詩題，就有一個「惱」字，詩中又有「枉負詩情性」之句，可見他在濰縣的生活並不是很愜意，日後回想起來也不似有對揚州那種思念的感情。

---

36 〈濰縣竹枝詞〉之一：三更燈火不曾收，玉膾金齋滿市樓。雲外清歌花外笛，濰州原是小蘇州。

此外，尚有一些表達對居住環境生活的懷念者，如〈追憶莫愁湖納涼〉、〈村居〉、〈憶湖村〉等等。板橋在這些地方的生活，精神上大多是悠閒的，所以當然很令他懷念那別有一番情趣的感受。如〈憶湖村〉：

數聲桄桔隔煙蘿，是處西風壓稻禾。荻筆半含東墅雨，鷺鷥遙立夕陽波。買魚人鬧橋邊市，得酒船歸月下歌。擬向湖干築秋舍，菊籬楓徑近如何！

在詩中可以感受到板橋對閒適生活的嚮往，甚至在〈村居〉詩中還寫著「深居久矣忘塵世」，可見他很陶醉於自然悠閒的生活。

（二）行旅之地

此處的地，指的是板橋遊歷時所經過的地方，大多是因景緻配合當時的心情，而有所感。如〈曉行真州道中〉、〈韜光〉、〈宿野寺〉、〈遊焦山〉、〈行路難〉、〈平陰道上〉、〈邯鄲道上〉、〈真州八首併其左右縣〉、及其〈再疊前韻〉、〈秋夜懷友〉、等詩。這些詩，風景的描寫佔很大部分，感懷只在一、二句之間流露，且多帶有對人生的感慨。如〈曉行真州道中〉的「勞勞天地成何事，撲碎鞭梢爲苦吟」；〈真州八首併其左右縣〉之四的「真州漫笑彈丸地，從古英雄盡往還」；……等等。倒是〈遊焦山〉：

日日江頭數萬山，諸山不及此山閒；買山百萬金錢少，賒欠何曾定要還。

老去依然一秀才，榮陽家世舊安排；烏紗不是遊山具，攜取教歌拍板來。

詩中的感懷不但明顯，而且第二首竟是全首感言。此處，使人更加了解板橋在為官時，百般無奈的感覺。他認為自己雖然做了縣令，但還是一如從前，只是環境卻已大不相同，當日的他雖然落拓，卻可以不必擔心「一行不當，百慮難更」[37]，如今在山野中遊玩，應該擺脫那些「官具」，好好的欣賞自然美景。

這類詩中的心情，大多是無奈的，也許是因為行旅之時，常常需要長途跋涉，在辛苦的奔走中，人的思考與回想，亦因而往往傾向不愉快之處，也就如〈宿野寺〉所說的「不起愁心是狠心」了。

三、因史感懷

即是所謂的詠史詩，在詠懷古人、古蹟及其他有關古史者時，便會流露自身的感想於詩中，所以又分古人、古蹟、其他三項來說明。

（一）詠古人

以詠懷古人為主。如〈種菜歌〉、〈項羽〉、〈莫為〉、

---

37 見〈署中寄舍弟墨〉詩。

〈肅宗〉、〈羅隱〉、〈李商隱〉、〈後種菜歌〉等詩。雖然都有作者的感懷，但這些詩的主題因人而異，其中板橋對項羽著墨甚多，如〈項羽〉：

> 已破章邯勢莫當，八千子弟赴咸陽。新安何苦坑秦卒，壩上焉能殺漢王！玉帳深宵悲駿馬，楚歌四面促紅粧。烏江水冷秋風急，寂寞野花開戰場。

從〈鉅鹿之戰〉的「項王何必爲天子，只此快戰千古無」、以及〈詠史〉[38]的「漢家安受秦家業，項羽東歸只廢才」的句子來看，可以知道板橋對這位一代霸雄是很佩服的。除了其氣慨令板橋折服之外，也許項羽的婦人之仁，也是他所贊賞的。所以對於項羽「玉帳深宵悲駿馬，楚歌四面促紅粧」，以致自刎於烏江的下場，也寄予無限的同情與感慨。

另外前後〈種菜歌〉，乃是感懷明遺臣常延齡「時供麥飯孝陵前，一聲長哭松楸倒」的忠君愛國。這自然是與板橋的民族意識有關，但對於出生於清朝的他而言，外族侵略漢族的排斥，要大過於清朝取代明朝，他自是沒有那種椎心刺骨的國家仇恨在。不過對於常延齡「骨頭不比松枝弱」的氣節，則是非常的敬重。

38 板橋詩中有二首〈詠史〉詩，因「鼇起狐鳴或輩曹」爲起句之詩，頁次較前，故稱爲前〈詠史〉。而以「雲裏闕門天扇開」爲起句者，稱爲後〈詠史〉。

（二）詠古蹟

指經過有名歷史事件的發生處，而產生的感懷者。如〈鄴城〉、〈銅雀台〉、〈泜水〉、〈徐君墓〉、〈南內〉、〈紹興〉、〈廣陵曲〉等等。同樣的也因古蹟裏所發生的事件不同，而各有感書。如〈銅雀臺〉：

> **銅雀臺，十丈起，掛秋星，壓寒水。彰河之流去不已，曹氏風流亦可喜。西陵松柏是新栽，松下美人皆舊妓。當年供奉本無情，死後安能強哭聲。繐幃八尺催歌舞，嬾慢盤鴉鬢不成，若教賣履分香後，盡放民間作佳偶。他日都梁自撿燒，回首君恩淚霑袖。**

在此，可以發現板橋對歷史有一些獨特的看法。他的感懷是針對那些曹操的妾婢而來。他認爲強行限制那些美人爲曹操供奉一輩子，只會虛度了她們的青春，這是不人道的。若是能使其回到民間結婚生子，則不必勉強她們，日後即自然會有感君王當日的恩德，而留下感激的淚水。這裏也顯示出板橋人道主義的精神。

（三）其　他

雖然詠史詩本來就是吟詠古史，但吟詠的角度不同，如上述的以人、以地方爲切入點。板橋還有一些詠史詩以另外角度切入去說的，有以史事爲切入點，如〈易水〉：

子房既有椎，漸離亦有筑，荊卿利匕首，三人徒碌碌。世濁無鳳麟，運否縱蛇蝮。雷霆避其威，人謀焉得速！蕭蕭易水寒，悄悄燕丹哭。事急履虎尾，僨轅終敗轒。酒酣市上情，一往不可復。

詩中的張良，高漸離與荊軻，都想除去暴君秦始皇，三人雖有椎，有筑，有匕首，但奈何天不時，地不利，加上「事急履虎尾」，結果自然走上失敗之途，這些人們口中津津樂道的英雄，終究是「一往不可復」。

有以朝代爲切入點，如〈南朝〉，有感南朝君王荒逸誤國，但他們若爲翰林人士，則是一流人才[39]。尚有〈歷覽三首〉：

歷覽名臣與佞臣，讀書同慕古賢人。烏紗略戴心情變，黃閣旋登面目新。翻笑腐儒何寂寂，可憐世味太津津。勸君莫作閒居賦，潘岳終須負老親。歷覽冰山過眼傾，眼前崒嵂有誰爭？三千羅綺傳宮粉，十萬貔貅擁禁兵。白髮更饒門戶計，黃金先買史書名。焚香痛哭龍門叟，一字何曾誑後生！歷覽前朝史筆殊，英才多少受冤誣！一人著述千人改，百日辛勤一日塗。忌諱本來無筆削，乞求何得有褒誅？唯餘適口文堪讀，惆悵新添者也乎。

---

39 〈南朝〉詩前小序：「昔人謂陳後主，隋煬帝作翰林，自是當家本色。燮亦謂杜牧之，溫飛卿爲天子，亦足破國亡身。乃有幸而爲人才，不幸而有天位者，其遇不遇，不在尋常眼孔中也。」

雖然是明著寫前朝，事實上卻是暗喻對清朝的降臣與文字獄之不滿。此三首較特殊的是，沒有先點出史來，便直接說出詩人感想或觀點。

以上即爲板橋感懷詩的分析，從中筆者整理出幾點值得注意的地方：首先，雖然同爲感懷詩，但表現感懷的強度不同。大抵而言，「因人感懷」者，所表露的感懷最直接明顯。因爲這些詩，大都是經過作者自身見聞感發之作，當然感觸良多。尤其是「說明自身看法」的詩，幾乎通篇全是作者個人主觀的感受。而「因史感懷」之作，較不直接明顯，因爲詠史詩「絕大多數都不只是臨景懷古，徒發思古之幽情，而是以古鑒今、借古喻今、托古諷今」[40]；既是重點在於「鑒今」、「喻今」、「諷今」，自然不能太過明顯，以免惹來糾紛麻煩。

再者，關於親人的感懷詩，如〈七歌〉、〈貧士〉、〈哭犉兒〉、〈乳母詩〉等等，除了喟嘆之外，還帶有反省[41]與自嘲[42]的意味。所以雖然是作者個人主觀的意識表現，但他卻能站在一個比較客觀的立場去看，故知，板橋的自我不是自私而狹隘的。而「因地感懷」之詩，自然多描寫景緻之句[43]。至於「因史感懷」之作，多刺政治之得失，或表達對英雄際

---

40 古遠清著，《詩歌分類學》第一篇第七節「詠史詩」，（高雄：復文圖書出版社，1991），頁 72、73。

41 如〈七歌〉之一的「鄭生三十無一營，學書學劍皆不成」；又如〈懷舍弟墨〉說自己是「老兄太浮誇」。

42 如〈大中丞尹伯贈帛〉稱自己是「落拓揚州一敝裘」；又如〈署中示舍弟墨〉，說自己賣畫是「實救困貧，托名風雅」。

43 如〈韜光〉的「韜光古庵嵌山餡巘，北窗直吸餘杭縣」；〈憶湖村〉的「荻筆半含東墅雨，鷺鷥遙立夕陽波」。

遇之感慨，故多慷慨激昂之句，如前〈詠史〉之一的「蠭起狐鳴幾輩曹，是真天子壓群豪」；〈徐君墓〉的「爲表延齡萬古心，忍負徐君三尺土」等等。

以上就是板橋的感懷詩，不論是因人、因地、因史，只要與心靈有一點契合之處，都能令這位敏銳的文人有千交百感。而且是直接道出也好，隱含於文字之中也罷，都不難從詩題、詩文中看到他那顆坦白的心，有什麼樣的情緒，有什麼樣的感慨。即使較艱澀者，他也會自己加以先行說明。比起阮籍和陳子昂的詞旨遙深[44]，他的發抒胸臆，更爲明白直接，因之稱這些感懷詩爲「發抒胸臆的感懷詩」。

44 《文心雕龍》〈明詩〉篇：「阮旨遙深」。《詩比學箋》（三）陳子昂詩箋則云：「子昂感遇……然問其所感何遇，則皆不求甚解」。

第三章　鄭板橋詩歌分類析論（下）

第一節　妙筆點意的題畫詩

中國文人，向來大都是多才多藝，板橋雖有「鄭虔三絕」之名，但他在〈隨獵詩草、花間堂詩草跋〉中也稱贊愼郡王曰「主人有三絕：曰畫、曰詩、曰字」，而揚州八怪更是各個能詩能書能畫；可見身兼詩、書、畫之能事者，並非只有板橋而已。但是，能把詩、書、畫結合起來，成爲一種高度藝術表現的，板橋可算是其中的佼佼者。

就畫而言，板橋屬於文人畫家。所謂文人畫，李栖在〈鄭板橋的題畫詩〉一文中說：

> 基本的來源是一個讀書人在讀書寫作之餘，就手邊所有的筆墨與紙，隨興作畫，或在酒酣耳熱之後，藉以宣洩胸中的丘壑。他作畫的態度是『寫』而非『畫』。所以這一類的畫比較主觀、浪漫，……多以寫意的方式表現。

她又說：

> 畫家藉著畫與題，表現『寫』的工力，藉著題畫表現文學根底，也藉題畫提昇畫的境界，傳達畫家的胸襟與抱負」[1]。

這種附於畫面上的文字，即爲題畫[2]，在文人畫中佔有重要的地位。而「畫上題詩」，是我國繪畫藝術特有的一種風格[3]，古遠清在《詩歌分類學》中，談題畫詩時，說道：

> 詩與畫，同源而異流，有姻婭之好。在我國文藝史上，就流傳著不少『詩畫合璧』的文壇佳話。不少畫家，為詩人的佳作配畫；不少詩人，為畫家的優秀之作題詩。這樣，『詩傳畫外意，貴有畫中態』的語言藝術與『畫傳詩內情，貴有詩中意』的造型藝術，彼此配合默契，渾然一體，使詩情與畫意相映生輝，互為補益，達到高度的合諧統一。[4]

而要使詩情畫意能相映生輝，互爲配合，達到高度的合諧統一，則必須藉「寫」的工夫，因此，一首題畫詩，就包

---

1 見李栖著，〈鄭板橋的題畫詩〉，藝文誌 205 期，頁 55。

2 這是狹義的定義。衣若芬台大七十九年碩士論文《鄭板橋題畫文學研究》的「緒論」中說：「狹義的題畫文學，是指『直接寫在畫上的詩詞散文等文學作品』。廣義的題畫文學，則包括狹義的解釋以及『詠畫』、『賞畫』的作品」。

3 孔壽山著，〈杜甫的題畫詩〉，收於《中國畫論》，（臺北：駱駝出版社，1987），頁 258。

4 古遠清著，《詩歌分類學》，第十一章「題畫詩」，（高雄：復文圖書出版社，1991），頁 354。

含了詩書、畫這三種藝術型態。

一般人都以「詩中有畫，畫中有詩」的王維是題畫詩的鼻祖。但，清人沈德潛在《說詩晬語》中則說：「唐以前未見題畫詩，開此體者，老杜也。」[5]事實上，在先秦時代，我國繪畫就有畫贊，南朝時的庾信已有題畫屏風二十五首，至於年長於杜甫的張九齡、李白也有題畫詩。因此所謂「開此體者，老杜也」，應當是指杜甫的題畫詩從數量、寫作技巧，以及藝術思想上，堪爲唐代題畫文學的代表[6]；同時題畫詩到了杜甫，也發展出一定的規範。宋元之後，文人畫發展迅速，題畫詩也隨之盛行。到了清的揚州八怪，更將詩、書、畫、印巧妙結合起來。高準在〈晚明清代的繪畫流派與風格〉中說：「揚州八怪誠可謂中國文化在長期社會孤立發展下之最後掙扎」[7]。那麼揚州八怪的繪畫藝術應當算是西洋畫影響中國畫前的最後一個高峰。作爲八怪代表人物的板橋，他的題畫詩呈現什麼面貌呢？以下即爲其分析。

《鄭板橋集》的題畫詩在「詩鈔」、「題畫」，「補遺」三部份中，共有一百八十一首，扣掉重覆的五首[8]，則有一百

5 沈德潛著，《說詩晬語》，收於《清詩話》。

6 此段話乃根據衣若芬台大七十九年碩士論文《鄭板橋題畫文學研究》，第一章「題畫文學發展史略」，第二節中所說「然而從作品、數量，寫作技巧和蘊含的藝術思想等方面考量，則杜甫堪爲唐代題畫文學的代表作家」。

7 載於《大陸雜誌史學叢書》，第四輯第五冊，頁98。

8 「詩鈔」中的〈題破盆蘭花圖〉、〈題半盆蘭蕊圃〉、〈題峭壁蘭花圖〉，〈題盆蘭倚惠圖〉與「題畫」的〈破盆蘭花〉、〈半盆蘭蕊〉，〈半開未開之蘭〉、〈盆蘭〉都極爲相似，只有幾個字不同而已。至於「詩鈔」中的〈江晴〉之二，和「題畫」中的〈韜光庵爲松岳上人作畫〉，二首相同。

七十六首。其中絕大多數的對象都是蘭、竹，這是因爲他所畫的題材就是以蘭、竹爲主。在〈靳秋田素畫〉中，他說：「板橋專畫蘭竹，五十餘年，不畫他物」。但，除偏好蘭、竹之外，也畫石，再其次則是梅菊。所謂「不畫他物」，應是指除了這類之外的花鳥畫，尤其是山水畫。爲何板橋會情鍾蘭、竹、石呢？且看他自己的題畫：

> 介于石，臭如蘭，堅多節，皆易之理也，君子以之。[9]
> 四時不謝之蘭，百節長青之竹，萬古不敗之石，千秋不變之人，寫三物與大君子為四美也。[10]
> 蘭竹石，相繼出，大君子，離不得。[11]

這三則題畫中，提到蘭、竹、石時，也提到君子。這是傳統文入畫家的主張，他們認爲蘭的幽潔，竹的虛心，石的堅毅，就如君子的情操一般。尤其在民族受壓迫，國家有滅亡之虞，而自己又無能力去抵抗時，往往寄情於蘭、竹、石，以表自己的情操。就板橋而言，他是屬於被滿清壓迫的漢族；加上在乖舛的命運與社會的黑暗下，他希望能有如蘭，竹、石的清高、有節、不移，故而所畫自也以之爲主。

就題畫詩的內容，則可以分爲四個部份：

---

9 見「題畫」〈蘭竹石〉。
10 見補遺〈題畫蘭二十一則〉，收錄自金山寺文物館藏拓本。
11 見補遺〈題蘭竹石二十七則），收錄自常州何乃揚藏墨跡。

一、點出畫論

板橋是個很有主見的人，對於詩、書如此，對畫亦如此。有時，他便藉著題畫說明自己的繪畫理念，而表現在詩中，如〈題蘭竹石七十二則〉中的：

> 敢聞我畫竟無師，亦有開蒙上學時。畫到天機流露處，無令無古寸心知。[12]

這首詩說明了板橋作畫，不是無師自通，乃是有所師承。但到了後來，他卻能融會貫通而自成一體。而其學習的對象，他自己說的就有「學出兩家」的所南、陳古白及大滌子[13]。而大滌子就是揚州畫派的祖師爺 — 石濤；還有「偶學雲林石法，遂摹與可新篁」的雲林和與可[14]；以及「師其意不在跡象間」的徐文長、高且園[15]，徐文長就是板橋最欽佩崇拜的徐渭；至於「名滿天下」的八大山人[16]，揚州八怪中的李鱓，

---

12 見補遺，收錄自中國美術家協會藏墨跡。

13 補遺中〈題畫蘭竹石二十七則〉中，收錄自揚州博物館藏之一則，其文如下：「平生愛所南及陳古白畫蘭竹。既又見大滌子畫竹，……遂取其意構成石勢，然後以蘭竹彌縫其間，雖學出兩家，而筆墨則一氣也。」

14 見補遺〈題畫竹六十九則〉中，收錄自《東南日報金石書畫》第七十一期之一則。

15 見題畫〈靳秋田素畫〉，其文曰：「徐文長、高且園兩不甚畫蘭竹，而變時時學之弗輟，蓋師其意不在跡象間也。」

16 同註 15，文曰：「然八大山人名滿天下」。

也是他學習的對象[17]。比較特別的是黃庭堅（即魯直），竟是從其書法而學得畫竹之法的[18]。其中，他學習所南的畫，可能還隱含有另一層意思。在前文已提到過，他自詡是「所南翁後」，主要是基於對其民族氣節的仰慕。而其民族氣節也往往表現在繪畫上面（如有名的「失土蘭花」），因此板橋之所以愛所南所畫的蘭竹，除了就繪畫藝術本身的理由之外，這點原因也是不能忽視。但，最主要的老師，則是「自然」，在〈題蘭竹石二十七則〉中，他即明白的表示：

古之善畫，大都以造物為師。天之所生，即吾之所畫。[19]

在題畫〈竹〉中也說：

凡吾畫竹，無所師承，多得于紙窗粉壁日光月影中耳。

而他之所以能在諸師中，發展出自己的風格，與其學習的觀念有關。題畫〈蘭〉一詩云：

十分學七要拋三，各有靈苗各自探；當面石濤還不學，何能萬里學雲南？

---

17 見題畫〈蘭竹石〉，有文曰：「惜復堂不再，不復有商量畫事之人也。」
18 題畫〈竹〉中板橋說道：「魯直不畫竹，然觀其書法，罔非竹也。瘦而腴，秀而拔；欹側而有準繩，折轉而多斷續。吾師乎！吾師乎！」
19 同註 12。

可見他的學習不是照單全收，在此題畫的散文部份，他就替「十分學七要拋三」做了註腳：「學一半，撇一半，未嘗全學；非不欲全，實不能全，亦不必全也。」向人學習如此，向自然取法亦然，題畫〈竹〉中，他說：

> 其實胸中之竹，並不是眼中之竹也。……手中之竹又不是胸中之竹也。總之，意在筆先者，定則也，趣在法外者，化機也。獨畫云乎哉！

而學習的角度、深淺，標準，就是取決於自己，從自己的靈苗去探尋。唯有融合他人的長處，再配合自己的靈苗去發展自己的風格，才能不受囿於他人而展現出屬於自我的畫。這種「胸無成見拘，摹擬反自失」[20]的看法，正是板橋一貫創新，追求自我的精神，如〈題畫竹六十九則〉中的：

> 畫竹插天蓋地來，翻雲覆雨筆頭栽。我今不肯從人法，寫出龍鬚鳳尾排。[21]

同時，在學習的角度、深淺、標準的衡量中，他也因而發展出一套關於繪畫技巧。因爲他的畫在求其神韻，而非形式，所謂「未畫以前，不立一格，既畫以後，不留一格」[22]。所以他繪畫的主張是「不泥古法，不執己見，惟在活而已」[23]

20 見詩鈔〈僧壁題張太史畫松〉。
21 見補遺，收錄自常州何乃揚藏墨跡。
22 見題畫，〈亂蘭亂竹亂石與汪希林〉。
23 見補遺〈題畫竹之十九則〉，收錄自上海博物館藏墨跡之一則。

他的筆法也是「忽焉而澹，忽焉而濃，究其胸次，萬象皆空」[24]。不過，具體的技巧，大多集中在題畫散文中。在題畫詩裏，他只強調了「乾筆淡墨」，「用墨乾淡並兼」[25]，可見他對墨筆乾淡的運用十分在意。更值得注意的是，在〈題蘭竹石二十七則〉中的：

> 日月臨池把墨研，何曾粉黛去爭妍？要知畫法通書法，蘭竹如同草隸然。[26]

就因他將畫書二法相通，難怪蔣士銓要說：

> 板橋作字如寫蘭，波磔奇古形翩翩；板橋寫蘭如作字，秀葉疎花見姿致。[27]

而這也是他詩、書、畫三絕能彼此和諧的原因之一。

當然，他畫了那麼多年自然也有心得，最足以代表的就是〈題畫竹六十九則〉中收錄自上海博物館藏書跡的一則：

> 四十年來畫竹枝，日間揮寫夜沈思。冗繁削盡留清瘦，畫到生時是熟時。

24 同註 23，收錄自《書苑》一卷十號。
25 同註 21。
26 見補遺，收錄自《支那南畫大成》。
27 【清】蔣寶齡著，《墨林今話》，（臺北：學海出版社，1993），卷一。

此詩明白的表示了他對於所畫並不是畫過就算了，而是常常回想反省，要如何畫出最好最自然之作。而四十年的經歷之後，他的心得即是「冗繁削盡留清瘦，畫到生時是熟時」，原來當初的青澀裏反而存有最質樸的自然，再多繁複的構圖，也抵不上那能畫出神韻的寥寥幾筆。

另外，在說明自己畫論之際，也不免要對他人之畫做些評論，如〈題畫六十九則〉中，錄自拓本的一則：

山谷寫字如畫竹，東坡畫竹如寫字，不比尋常翰墨間，蕭疏各有凌雲意。

因爲山谷、東坡也是板橋頗爲欣賞的畫家，所以言下都是贊賞之意。

二、寄託人格

李栖在〈鄭板橋的題畫詩〉中說：「自來國人就喜歡將草木萬物擬人化，賦予他們不同的品格，然後再用移情作用，將自己的性情與人格化了的眾物相比擬相交友，於是對宇宙萬物產生了一種特殊，而且超出物性的情感，這是我國文學的一大特色。」[28]而文人畫家更是借畫以寄情，所以在歌詠畫中物時，往往也是表明自己是如此之人，或者是自己想要成爲如此之人。就拿他最擅長的蘭、竹、石來看：

28 同註 1，頁 57。

> 咬定青山不放鬆，立根原在破岩中，千磨萬擊還堅勁，任爾東西南北風。（題畫〈竹石〉）
>
> 兩枝高幹無多葉，幾許柔篁大有柯。若論經霜抵風雪，是誰挺直又婆娑。（〈題畫竹六十九則〉，收錄自「文物」一九六零年第六期）
>
> 唯君心地有芝蘭，種得芝蘭十頃寬。塵世紛紛誰識得，老夫拈出與人看。（〈題畫蘭二十一則〉，收錄自「夢園書畫錄」卷二十三）
>
> 春雨春風寫妙顏，幽情逸韻落人間。而今究竟無知己，打破烏盆更入山。（詩鈔〈題破盆蘭花圖〉）

真是道盡了板橋那種不與時俗同流的孤高。又如：

> 誰與荒齋伴寂寥，一支柱石上雲霄。挺然直是陶元亮，五斗何能折我腰。（補遺〈柱石圖〉，收錄自南京博物院藏墨跡）
>
> 頑然一塊石，臥此苔階碧；雨露亦不知，霜雪亦不識。園林幾盛衰，花樹幾更易；但問石先生，先生俱記得。（題畫〈石〉）

板橋面對著風風雨雨，看盡了是是非非，領悟到惟有堅毅不拔的執著，才得以獨立於塵俗之間而不為所染。

三、發抒感言

此外，有一些題畫詩是可以明顯感受到板橋將自己遭遇的感慨置於詩中。事實上，這類詩也可算是感懷詩，但因是題於畫上之詩，所以在此列入題畫詩中的一項。其中，表現爲官時的心聲，占了不少篇幅，如：

> 衙齋臥聽蕭蕭竹，疑是民間疾苦聲；些小吾曹州縣吏，一枝一葉總關情。（題畫〈濰縣署中畫竹呈年伯包大中丞括〉）

從這首詩，就可明白板橋是多麼的關懷百姓了。雖然他一心想爲生民立命，但是，官場的黑暗不但使他動輒得咎，甚至落得貪污的罪名，百般無奈之下，只好罷官歸里。這是板橋一生中永難釋懷的事，所以他在〈畫菊與某官留別〉詩中，即言：

> 進又無能退又難，宦途跼蹐不堪看；吾家頗有東籬菊，歸去秋風耐歲寒。

而辭官之時，也寫下〈予告歸里畫竹別濰縣紳士民〉一詩：

> 烏紗擲去不為官，囊橐蕭蕭兩袖寒，寫取一枝清瘦

竹，秋風江上作漁竿。

甚至在返鄉之後，還不忘以詩自白：

官海歸來兩袖空，逢人賣竹畫清風，還愁口說無憑據，暗裏贓私遍魯東。[29]

至於題畫〈初返揚州畫竹第一幅〉，則是他罷官回到揚州後，當初冷眼以待的人，現在卻對他百般討好，這種人情勢利，使他寫下此詩以表明自己的不爲所動：

二十年前載酒瓶，春風倚醉竹西亭；而今再種揚州竹，依舊淮南一片青。

比較特殊的是補遺〈秋葵石筍圖〉，因爲那是板橋成了進士時之作，在苦讀多年，歷經種種關卡之後，總算得以揚眉吐氣，因此，以洋洋得意之筆寫下：

牡丹富貴號花王，芍藥調和宰相祥。我亦終葵稱進士，相隨丹桂狀元郎。

有一些題畫詩是因他人之事而發的感言，而這類的詩大多夾雜在說明的散文中，如題畫〈盆蘭〉：

29 見補遺〈題畫竹六十九則〉，收錄自《支那南畫大成》。

畫盆蘭送范縣楊典史謝病歸杭州。題曰：蘭花不合到山東，誰識幽芳動遠空？畫個盆兒載回去，載他南北兩高峰。後被好事者攫去，楊甚慍之。又十餘年，余過杭，而楊公已下世久矣。其子孫述故，乞更畫一幅補之。即題前作，又繫一詩曰：相思無計託花魂，飄入西湖叩墓門；為道老夫重展筆，依然蘭子又蘭孫。

說的是板橋爲官范縣時，友人楊典史因病歸杭州，板橋以盆蘭一幅送之，但後來卻遭人竊去，楊甚感憾恨。十多年之後，板橋過杭州知此事，應其子孫之求，再畫盆蘭一幅，且題前作之詩外，又心有所感再題一詩，溫馨感人之情，在詩文之間流露無遺；同時也使畫的本身，因事的感人而更有價值。

四、純粹詠畫

《鄭板橋集》詩鈔中，詠物詩不多，但在題畫方面，卻有不少詠蘭竹石的題畫詩。如〈題畫竹六十九則〉的：

無多竹葉沒多山，自有清風在此間。好待年來新筍發，滿林青綠翠雲灣。（收錄自上海博物館藏墨跡）

疏疏密密復亭亭，小院幽篁一片青。最是晚風籐榻上，滿身涼露一天星。（收錄自金山寺文物館藏拓豐）

這兩首都是詠畫竹之詩，前者是比較實際的，有視覺的「無多葉沒多山」，有感覺的清風，而後兩句的期待，是屬於視覺的想像。後者則是比較感性的，前二句雖是著眼於視覺，但首句將竹林的形狀，姿態以輕盈的聲音表現出來，第二句中的「幽」、「青」，把顏色的感覺也點了出來，末兩句更是充滿了情趣，躺在籐榻上，觀賞了滿天星斗，晚風徐徐吹來沾染滿身的涼露。全首流露出清涼悠閒的趣味，同時也呈現出逍遙的浪漫。此處的竹，不是什麼虛心有節的象徵，而是生命生活的感受。

至於詠蘭方面，題畫〈折枝蘭〉是一首非常生動的題畫詩。

> 曉風寒露不曾乾，誰插晶瓶一箭蘭？好似楊妃新浴罷，薄羅裙繫怯君看。

前兩句是直接描寫，但「含露不曾乾」及「晶瓶一箭蘭」已點出蘭花潤澤晶瑩之貌。後兩句事實上是前兩句的再強調，但卻以「楊妃新浴罷」來比喻蘭花含露不曾乾的潤澤；而以「薄羅裙繫怯君看」來比喻蘭花纖纖嬌羞之態，晶瑩的顏色似是怕羞而臉紅所致。就因末兩句貼切而鮮活的比喻，使得我們能清晰又深刻的感受到蘭花的形象與神韻。這種高超的手法，除了要有細微的觀察外，更要有豐富的聯想，再以適切的文字將二者串聯起來，才會寫出如此生動的詠物詩。

而在補遺〈鄭燮陳馥合作苔石圖〉的題畫詩，我們又可看到另一種不同的表現手法：

鄭家畫石，陳家點苔，出二妙手，成此巒岩，旁人不解，何處飛來。

在此詩中，看不到對石本身的描述，只從「陳家點苔」中知石上有苔，而於第四句中，知道此石爲一巒岩，但最末二句卻是藉旁人不解此石何處而來，以說明畫上之石有多麼的逼真，也含有妙手出筆，佳構自成的意思。這是藉畫中的題材來稱贊畫的優秀。

而本節前面已提到的〈題蘭竹石二十七則〉中，收錄自《自怡悅齋書畫錄》的一則，觀其詩可以想見圖畫上是有石，石上有蘭，亦有竹，此外還有一美人。雖然看不到東風的吹拂，但從一江綠漣漪便能感受得到。

板橋此類的詩就如李栖在〈鄭板橋的題畫詩〉中所說的「都能曲盡其妙，不一定要看見原圖，讀者就能揣測出畫面的佈置。而且情韻幽雅，其味無窮」[30]在這些詩中，所用的語言都不是什麼深奧奇字，也沒有運用很多典故、譬喻，但卻能把畫中的情趣意味，清淡又鮮明的點染出來。這正是高明之處。另外，還要特別注意到詩、書、畫、及印在此乃是一個由各別藝術融合而成爲的整體綜合藝術，它包含了文字、線條、圖形的感染力，因此容易給予人深刻的情境感受。此外，這四者又可因位置不同而改變畫的佈局，增加立體感，形成別具趣味的構圖，這點也是板橋所擅長的。

再回過來看他的題畫詩，不論是點出畫論、寄託性情、

30 同註 28。

發抒感言或是純粹詠畫，都能緊扣著畫中題材的特徵而發。一方面使得詩、畫因內容的相關而互相襯托，同時因此詩拓展了畫境，而畫豐富了詩境，也因而呈現出深遠的意境。所以，我們稱之為「妙筆點意的題畫詩」。

第二節　興味盎然的酬贈詩

此處所謂酬贈詩，乃是融合唱和詩、贈答詩二者，加上應酬交際之作而言。本來贈答詩與唱和詩雖然「有相似之處，前者是甲贈乙答，後者是甲唱乙和。」但也有區別：「“唱詩”題材廣泛，一般不是專為某一人所寫，而且寫作時，事先也不可能預料到會有人和。而“贈詩”，寫作對象明確，一般只為一人所寫（自然，有時也可能是一群）。“和詩”，是指跟著別人吟詠歌唱，按“唱”詩的意見（或韻腳）寫，而“答”詩，顧明思義，著重點在回答別人提出的問題，在通常情況下一般不求與別人聲音相應和彼此配合，在寫作時不大考究別人詩歌的用韻形式。」[31]之所以將其歸於一類，乃在於這些詩歌，是特別為某（些）人的某（些）事，而作回應與贈言，而且這裏的某（些）人，通常都是故友舊交；內容方面則或多或少與友誼有牽連。而板橋有些應酬交際之作，如〈平山晏集詩〉、〈李御、于文濬、張賓鶴、王文治會飲〉、〈御史沉椒園，新修南池，建少陵書院，并作雜劇

31 此段話，引自古遠清著，《詩歌分類學》第四篇第三章〈酬贈詩〉，（高雄：復文圖書出版社，1991），頁 372。

侑神，令歲時歌舞以祀〉等詩，雖不具唱和或贈答的形式，但符合上述定義，故亦列為同類。

板橋在其〈自序〉中說道：

> 板橋遊山歷水雖不多，亦不少；讀書雖不多，亦不少；結交天下通人名士雖不多，亦不少。

他不但性喜遊山玩水，同時也曾為了讀書求仕居於外，一生到過許多地方。根據《鄭板橋集》的〈年譜〉，雍正二年（即三十二歲時），出遊江西；三年，出遊北京；五年，客於通州；六年，讀書於興化的天寧寺；九年，客於揚州；十年，遊杭州；十三年，讀書於鎮江的焦山；乾隆元年（板橋四十四歲），為考試二度赴京；六年，三度赴京；同年，為范縣令；十一年，自范縣調署濰縣；十九年（時年六十二歲，已罷官），遊杭州，至湖州，復過錢塘，至會稽。所以他在很多地方都結交了許多朋友，而且更有一批至情相交的好友，彼此往來書寄答和。因此，這類的詩歌數量頗多，有一百一十九首。

一、表達思念

張正體在《學詩門徑》一書，於酬贈類的詩歌中寫道：「朋友相離，總有一種相思的感想，如果把相思的感想寫在詩裡，互相寄遞，這種詩篇，屬於酬贈之類。」[32]雖然這種說法，對本節的酬贈詩而言，太過狹隘。但至少我們知道，互相寄遞對友人的思念，是這類詩的主要內容，而友誼則為其基礎。板橋的酬贈詩中，此種內容的詩歌當然很多，如〈贈甕山無方上人〉之一：

一見空塵俗，相思已十年。補衣仍帶綻，閒話亦深禪。
煙雨江南夢，荒寒薊北田。閒來澆菜圃，日日引山泉。

無方上人是板橋出游江西時所識，第二次入京於甕山會面時，離初識已十年了[33]，所以詩開頭便說「相思已十年」，不過直言相思的也只有這一句。接下來則是對無方上人的描摹，還是一如當初的不與世爭，一派出家人的閒淡。但從他對無方上人的描述中，我們可以感受到蘊含於詩中的思念。就如我們與多年未見的朋友再碰面時，就會將眼前友人的模樣，與自己腦中時常想起的友人模樣相比。之後板橋還陸續作有〈甕山示無方上人〉、〈懷無方上人〉，可見他二人之交情。

又如〈贈圖牧山〉中末四句：「江南渺音耗，不知君尚存。願書千萬幅，相與寄南轅。」圖牧山是滿州人，官部郎，板橋另有〈又贈圖牧山〉之作。可見只要以真心相待，不管

32 張正體編著，《學詩門徑》第七章〈取材之範圍〉，第（5）酬贈，（臺北：臺灣學生書局，1983），頁 141。

33 板橋在〈無方懷上人〉詩中自言：「初識上人在西江，廬山細瀑鳴秋窗。後遇上人入燕趙，甕山古瓦埋荒廟」。

什麼對象，都可以成爲板橋的好友。又如〈懷李三鱓〉詩的末二句是：「夢中長與會，草閣南津舊釣磯。」李三鱓即是揚州八怪中，與板橋情誼深厚的李鱓，也就是李復堂[34]。在本文第二章第三節第（一）項〈揚州八怪〉中，即已提過他二人交往的情形。酬贈詩需要切合彼此交情深淺。所以能讓板橋說出「夢中長與會」這樣顯露思情的詩句，也只有與他相交多年，關係密切的李鱓了！至於爲板橋「奉千金爲壽，一洗窮愁」的程羽宸，可說是他的大恩人，自然也會使板橋寫下「傳來似有非常信，幾夜酸辛屢夢公」如此情感強烈的詩句[35]。

當然，對友人的思念，不限定是一個的，有時是一群人，如〈贈范縣舊胥〉：

> 范縣民情有古風，一團和藹又包容；老夫去後相思切，但望人安與歲豐。

板橋任范縣縣令六年，前幾年，在這個「唐風所吹」[36]、「時平兼地僻」[37]的「彈丸小地」，他過的是「好樂無猜」的生活[38]，所以日後也就多所懷念。

---

34 板橋尚作有〈飲李復堂宅贈〉一詩。

35 〈懷程羽宸〉詩之二：「十載音書久不通，蓼花洲上有西風；傳來似有非常信，幾夜酸辛屢夢公。」詩前有小序曰：「余江湖落拓數十年，惟程三子鵕奉千金爲壽，一洗窮愁。羽宸是其表字」。

36 見〈范縣詩〉之十。

37 見〈登范縣城東樓〉詩。

38 二處皆引自〈止足〉詩。

上述所舉，是直接說出思念的代表詩句。至於以問候、憶往表達情誼者，詩例亦多。如〈寄許生雪江三首〉之一的「小樓良夜靜，還憶讀書聲」，許雪江就是板橋在江村教館時的學生許樗存。靜夜裏，板橋回想起在江村教書時的日子，彷彿還聽到學生琅琅的讀書聲。而江村「雲揉山欲活，潮横雨如奔」的景象，「稻蟹乘秋熟，豚蹄佐酒渾」[39]的美味都令板橋懷念不已。多希望與學生們相聚一堂，再重溫往日在江村時充滿野趣的生活。另外如〈贈陳際青〉：

> 瓜洲江水夜潮平，月滿秋田鶴唳清。記得扁舟同臥聽，金山雲板二三更。

此詩也是同樣描寫在夜裏由景色勾引起對友人的思念。再如〈寄許衡山〉的「江淮韻士許衡州，近日蕭疏似昔不？」雖然說的如「你好嗎？」那般的輕淡，然而有時千言萬語的問候，還不如這三個字來得貼心！

二、評述友人

另外有些詩歌，則是以描摹其人風采神韻或相關事物來暗露友誼。因為既有相交，必是對其言行神態有一定的印象；另一方面，這言行神態也會隨著思念對方而浮現。如〈飲李

39 見〈見寄生雪江三首〉之三：
不捨江干趣，年來臥水村。雲揉山欲活，潮横雨如奔。稻蟹乘秋熟，豚蹄佐酒渾，野人歡笑罷，買棹會相存。

復堂宅賦贈〉中，對李鱓有以下的描述：

> 主人起家最少年，驊騮初試珊瑚鞭；護蹕出入古北口，橐筆侍直仁皇前；才雄頗為世所忌，口雖贊歎心不然。蕭蕭匹馬離都市，錦衣江上尋歌妓；聲色荒淫二十年，丹青縱橫三千里。

而〈贈金農〉則對也是他揚州八怪中的密友 — 金農（即金冬心），做了一番簡潔精確的描述：

> 亂髮團成字，深山鑿出詩；不須論骨髓，誰得學其皮。

短短四句，就把金農外貌與才情的特點，說得淋漓有味。若不是多年的密友，恐怕也不能將一個人描寫的如此簡單又深刻！又如〈破衲〉一詩中，對他的從祖 — 福國上人則是這麼描寫：

> 衲衣何日破，四十有餘年；白首仍縫綻，青春已結穿。透涼經夏好，等絮入秋便；故友無如此，相看互有憐。

由詩中我們得以知道，板橋的從祖在他的眼中，是已出家四十多年的老僧人了，但其隨遇而安，一切順其自然的安貧樂道精神，更使板橋心有同感。

當然在描摹中，不免也要有所贊美批評。因爲必然有板橋欣賞之處，才會與之做朋友；只是人本來就並非十全十美，若一味贊美，便顯得庸俗奉承，他在〈與杭世駿書〉中就說到：「於朋友有責善之道」，只有真朋友，才會既推許對方的長處，也規勸他有待改進的地方。如〈贈國子學正侯嘉璠弟〉詩中的：

> 大哉侯生詩，直達其肺腑；不為古所累，氣與意相輔，……。

他讚美對方的詩作，是出於自我本心。不模擬古人，故不受古人的牽累，也因此能夠使自己的氣與自己的意相配合，而貫注於作品當中。因爲這是板橋爲文的重要主張，所以對侯生有自我精神的詩，便毫不保留的直許：「大哉侯生詩」了。至於〈送都轉運盧公〉的「清詞頗似王摩詰，復以精華學杜陵」，則稱許對方的詩詞有王維的「修潔」[40]但更值得推崇的是具有杜甫府詩歌沈著痛快的本色。[41]。而〈小古鏡爲同年金殿元作〉一詩，更是借形容古鏡，最後歸之於「料得君心如此鏡，玉堂高掛古清寒」的稱頌。至於批評方面，多以指點建議的方式來表達，如〈送陳坤秀才入都〉：

> 憐君書法有古意，歷落不顧時賢嗔。……觀君運腕頗有力，柔軟妥貼須工夫。

40　〈濰縣署中與舍弟第五書〉中有言：「王、孟詩原有實落不可磨滅處，只因務爲修潔，到不得李、杜沈雄。」

41　同註 40，板橋又曰：「文章以沈著痛快爲最，左、史、莊、騷、杜詩、韓文是也。間有一二不盡之言，言外之意，以少少許勝多多許者，是他一枝一節好處，非六君子本色。」

在此，他欣賞對方書法的古樸，不過，雖然他運腕有力，但是有力還需柔軟體貼來加以控制，才能剛柔兼濟，而柔軟妥貼不是那麼容易作到，得要有一番工夫才行。就在贊美對方之後，再委婉的指導他需要注意的地方。

三、藉以自述

有些酬贈詩是爲了勉勵勸慰朋友而作，能在友人需要支持時，給予適當的鼓舞和關懷，這更是友誼的表現。而在勸勉的過程中，不免要論些道理，說明自己的理念，道出自己的感想。我們看板橋在〈贈高郵傅明府，并示王君廷櫱〉所寫的「出牧當明世，銘心慕古賢」，既是板橋自己的理想，也勉勵對方當如是。更明顯的是〈贈潘桐岡〉一詩：

> 天公曲意來縛縶，困倒揚州如東濕。空將花鳥媚屠沽，獨遣愁魔陷英特。志亦不能為之抑，氣亦不能為之塞。

說的乃是爲對方的遭遇抱不平，鼓勵他要堅毅不拔；但這何嘗不也是板橋對自己的鼓舞！另外，〈鄂公子左遷〉一詩，是板橋對受貶友人的勸慰：

> 仲子空殘嘔血，鄂君原不求名；革去東宮詹事，來充國子先生。

在此，他勸慰對方，既然是原就不求名利，如今革去東宮詹事之職，正好可以做自己有能力且有興趣的事。他以瀟脫的口吻來勸慰對方，使人也覺得放開了心，如此就不容易耿耿於懷了。

較不同的是〈酬中書舍人方超然弟〉之二中的頭兩句：「君家兩世文名盛，宦況蕭條分所宜」，以略帶消極的口吻，要對方安時處順。有時鼓勵朋友，並非一味要求對方一定要努力如何如何，反倒是用另一種使人寬慰的話，可能更具效果。但，總的而言，板橋在勸勉朋友時，以帶激勵、同情的口吻爲多。

同時，既是互相寄遞友誼，除了要關懷對方之外，也不忘向朋友說說自己的狀況，傾訴一下自身的感受。如〈署中無紙書狀尾數十與佛上人〉：

> 閒書狀尾與山僧，亂紙荒麻疊幾層。最愛一窗晴日照，老夫衙署冷於冰。

說的就是板橋他自己在濰縣時，採行無爲之治，訟事稀少的情形。又如〈寄小徒崑寧、坤豫二孝廉，兼呈令師崔雲墅〉中，一開頭他就說：「板橋頭髮已蒼蒼，爾輩何須學老狂？」從詩中，我們知道那時的他髮已蒼白，人已漸衰，可是卻還是狂氣仍在。而〈李御、于文濬、張賓鶴、王文治會飲〉詩中「黃金避我竟如雠，湖海英雄不自由」之句，則是既藉此說明了自己貧窮且處處不容於俗，以致處處受拘束的狀況，也表達了當時的感嘆。

四、記錄交遊

最後要談到的是，有些酬贈詩的內容，是紀錄與朋友交往遊歷的情形。如〈同起林上人重訪仁公〉之二的「賓主吟聲合，幽窗夜火燃。風鈴如欲語，樹鶴不成眠」；而〈和雅雨山人紅橋修禊〉，則對乾隆二十二年，由兩淮鹽運使盧見曾所主持的紅橋修禊，作了以下的記載：

> 年來修禊讓今年，太液昆池在眼前。迴起樓臺迴水曲，直鋪金翠到山巔。花因露重留蝴蝶，笛怕春歸戀畫船。多謝西南新月挂，一鉤清影暗中圓。（之三）
> 草頭初日露華明，已有遊船歌板聲。詞客關河千里至，使君風度百年清。青山駿馬旌旗隊，翠袖香車繡畫城。十二紅樓都倚醉，夜歸疑聽景陽更。（之四）

修禊是舊時一種以水洗去不潔，驅除不祥的祭典。文人往往藉此聚會，並即席以詩文唱和。從詩中，可以看出當年名流俊彥群聚座上，賞景遊樂的場面。

盧見曾（雅雨）是板橋多年的好友，尤其板橋罷官之後，來往密切，〈年表〉記載，乾隆二十八年，他和盧及諸名人於清明日泛舟紅橋，席上和袁枚相陪，這也是兩位才子唯一一次的會面，板橋有〈贈袁枚〉詩曰：「室藏美婦鄰誇豔，君有奇才我不貧」，似乎對袁枚的風流多內寵，以及為官不久便生活豪華，頗有不屑之感。而袁枚有〈投板橋明府〉之詩，開頭雖然說「鄭虔三絕聞名久，相見邢江意倍歡」，但詩中又有「底事誤傳坡老死」之句，將自己比爲蘇東坡，而將板橋比爲鄭虔，頗有高人一等之意。有人認爲他二人相交不善[42]，有人認爲他二人是交誼深長[43]。無論如何，總是爲板橋與袁枚的交往留下了一段記錄。

以上所言，是板橋酬贈詩中主要的內容，因數量頗多，不能一一列舉；又爲避免重複，儘量以不同的詩歌爲例。事實上，這些內容是雜錯混合在詩中，並非一首詩固定一種內容。不過，這些內容都是從「友誼」做基點而發展的。其中比較特殊的有〈輓老師鄂太傅五首〉，寫的是對鄂太傅去世的哀悼之情；又有〈和高相公給賑山東道中喜雨兼五日自壽之作〉，乃記載賑災的情形；至於〈破衲〉、〈揚州福國和尚至范縣二詩贈行〉，對象雖是板橋的從祖，但他已出家多年，親情固猶在，但看此二詩的感情，反倒近於忘年之交的朋友了。附帶一提的是，板橋有〈絕句二十一首〉，皆描摹其友人，但所作之目的是因「凡大人，載之國書，傳之左右史。而星散落拓之輩，名位不高，各懷絕藝，深恐失傳，故以二十八字標其梗概。」[44]所以不列計於本節之中，留待第五節〈其他〉再談。

酬贈詩最忌附庸風雅，寫一些言不由衷的話，但我們看板橋的酬贈詩，不論對象是誰，僧人、道士、官吏、平民，

---

42 如《鄭板橋和袁枚》一文，梁容若著，中央日報，民國五十四年三月九日。

43 如陳書良等著，《難得糊塗鄭板橋》，（臺北：莊嚴出版社，1991），頁 125。

44 見〈絕句二十一首〉後的小序。

只要是他的朋友，都可以看得出在詩中他所流露的真感情[45]。然而板橋在當時也算是頗活躍的文人[46]，應酬之作難免，在〈自序〉中，他自己也提到：「其詩文字畫每爲人愛，求索無休時」，可見這類非出於「心甘情願」的作品應該不少。但在這些詩歌中，卻「絕少庸俗奉和之作，多借贈和以述志」[47]，可以看出他選刻之嚴。

此外，詩的風貌隨著內容的對象而變，更能證明他是「有心」去寫這些詩作。如有關僧家的詩，大多顯得清淡悠遠。如：

> 「山中臥佛何時起，寺裏櫻桃此日紅。驟雨忽添崖下水，泉聲都作晚來風」（〈寄青崖和尚〉）
> 「獨有老僧無一事，水禽沙鳥聽關關」（〈贈博也上人〉）
> 汝到京師必到山，山之西麓有禪關；為言九月吾來住，檢點白雲房半間。（〈逢客入都寄勗宗上人〉）

因爲出家人，本當看穿世間一切牽絆，心無掛礙，自然是清心，又何必與之談些庸庸碌碌的事呢？

有時亦用佛家語入詩，如「鐘鼓無情老比邱」[48]；「金

45 真感情即是真實的表現出心中的感覺，所以真感情不一定就是深感情，但既是有所往來的朋友，自然也不是沒感情。
46 〈板橋自序〉有言：「四十外乃薄有名，……其名之所到，輒漸加而不漸淡」
47 趙慧文著，〈鄭板橋詞淺論〉《蘇州大學學報》1968 年，頁 260。
48 見〈別梅鑑上人〉詩。

碧頓成新法界」[49]；「忽漫袈裟暮扣門」[50]等。至於與道人往來則又常入道家經典及有關詞語，如〈宿光明殿贈婁真人〉，首四句的「老聃莊列人中仙，未聞白晝升青天，五千妙義南華詮，虛靜恬澹反自然」，中間又有「有何燒鍊丹磨研」，把道家的老祖、南華經、鍊丹都用在詩裏面了。

若是有關一般朋友，則詩就顯得真摯親切。如〈送職方員外孫丈歸田〉的「鱸鱠先嘗應憶我」，〈焦山贈袁四梅府〉的「多情只有袁梅府，十日扁舟五日來」，即使在〈爲顧世永代弟買妾事手詩七律一首〉[51]由，也以「何幸荊釵完夙契，免教破鏡惹相思」，來說明對顧的贊許。

對於有關後輩之詩，則多贊美鼓勵之詞。如前文提到的〈贈國子學正候嘉璠弟〉、〈贈胡天游弟〉、〈酬中書方起然弟〉等。還有一些値得注意的地方，即在這些詩歌中，「釋」（指僧人）佔了很大的比例。因爲僧人所居之寺廟古刹皆建於深山之中，所以與僧人有關的酬贈詩中，又多有對山水風景的描寫。如〈別梅鑑上人〉的「海陵南郭居人少，古樹斜陽破佛樓。一徑晚煙籬菊瘦，幾家黃葉荳棚秋」；又如〈山中夜坐再陪起林上人作〉的「晨起望諸山，煙嵐漭漲塞。陽烏初出海，氣弱不得力。墨雲橫亙天，稺霞斂顏色」等。至於那些記遊、訪友的酬贈詩，當然更少不了風景的描述，如〈送友人焦山讀書〉一詩，除末二句之外，皆是對於沿途風

49 見〈法海寺訪仁公〉詩。
50 見〈揚州福國和尙至范賦二詩贈行〉。
51 此詩後有小序言曰：「中尊汪夫子既旌其廬，復歌詠其事。燮不揣固陋，賦詩謹和」，故知爲酬贈詩。

光的敘述[52]。因此，風光的描寫，在此類詩中佔有頗重的份量。

總而言之，雖然可以在板橋的詩中，找到一些對於友情比較「濃烈」表示的詩句[53]，但大體而言，板橋對友誼的表達，常常是清清淡淡爲多，如〈寄招哥〉，這是此類詩的對象中，唯一的女子，在〈劉柳邨冊子）中有言：「道情十首作於雍正七年，改削十四年，……傳至京師，幼女招哥首唱之」，可知招哥乃是傳唱板橋〈道情〉的「發起人」，也是「功臣」，但詩中卻是「十五娉婷嬌可憐，憐渠尚少四三年。宦囊蕭瑟音書薄，略寄招哥買粉錢」，似乎沒有什麼深情厚意，好似「此中滋味淡如水」[54]，但真要是純淨的水，總會在細細回味之後，驚喜箇中的甘甜。想想詩中板橋已言宦囊蕭瑟了，在自身窘困之下，仍然想到對方，還不忘寄錢幫助她，這種情誼是深是淺，不言便知。

這就是板橋的酬贈詩，充滿了隨興與深味，故而名之曰「興味盎然的酬贈詩」。

---

52 原文如下：「焦山須從象山渡，參差上下一江樹；高枝倒挽行雲住，低枝搏擊江濤怒。枯藤盤拏蛇走壁，怪石峻嶒鬼峽路。日落煙生江霧昏，微茫星火沿江村；忽然飛鏡出東海，萬里一碧開乾坤。夜悄山中更凄肅。鸛鶴無聲千樹禿。鄰屋時聞老僧咳，山魈遠在雲端哭。幾年不到大江濱，花枝鳥語春復春。抱書送爾入山去，雙峰覓我題詩處。」

53 如前文提到的「夢中長與會」、「幾夜酸辛屢夢公」，又如〈懷濰縣二首贈郭倫〉中的「相思不盡又相思」等等。

54 見〈飲李復堂宅賦贈〉詩。

第三節 其 他

吾人嘗試著將板橋的詩歌大略分爲「社會詩」、「感懷詩」、「題畫詩」、「酬贈詩」之後，發現尚有一些詩歌不屬於以上這四大類，而分屬於另外的類別。但因數量皆不足成一節之文，故而將這些其他類別的詩，都列於本節討論，因而本節乃名之爲「其他」。以下是各類的分析說明。

一、描摹景緻

板橋自幼生長在風光明媚的興化，他在〈賀新郎•食瓜〉中，就對家鄉有這麼一段描寫：「吾家家在煙波裏，繞秋城藕花蘆葉，渺然無際。」題畫〈竹〉裏也記載：「余家有茅屋二間，南面種竹，夏日新篁初放，綠陰照人，置一小榻其中，甚涼適也。」從這些文字中，我們可以感受到板橋對自然景物的喜好。他在〈板橋自敍〉中也說：「好山水，未能遠跡，其所經歷，亦不盡遊趣」，言下之意，似乎是對自己的遊歷不甚滿意。但更可證明他對遊山玩水的興趣。雖然「未能遠跡」，但畢竟還是有所經歷，所以也會有一些相關的詩作。

不過，在此我們把板橋那些對自然景物的描述詩分爲兩部份，若有作者的情感寄於其中的，則列爲感懷詩中。但若只屬於純粹因景物而發的感言，不牽連作者自身遭遇之感受者，即歸之於此。根據其內容，又可分爲寫山水風光與生活景緻：

（一）寫山水風光

顧名思義，即是純對自然景物所作的描述。有直接寫山者，如〈嶧山〉、而〈山中雪後〉、〈白狼山〉都是偏向於山中景物。其中描述最詳盡的，則是〈嶧山〉：

> 徐州五色土，乃在嶧山下；凸凹見青黃，崩裂墮赤赭。
> 偃蹇十里石，蓄怒臥牛馬；苔斑古銅鑄，黑骨積鐵冶。
> 砉然觸穹蒼，千峰搆雲廈。曲徑回腸盤，飛泉震雷瀉。
> 古碑斷蟲魚，老屋頹甓瓦。秋河舀可竭，寒星摘盈把。
> 悲鳥百群叫，孤鶴萬年寡。結茅此間住，萬事棼可捨。
> 山中古仙人，或有騎龍者。

在此詩板橋將山的色澤與外貌結合一起，所以讀此詩後，便知道嶧山有青黃赤赭黑五色，苔斑點飾著外貌，凹凸中有崩裂之處。前八句已刻畫出其剛健的線條。接著寫其高可觸天，氣勢雄渾。再而進入山中，只見小徑、流泉、古碑、老屋，一幅世外桃源之景。又以悲鳥孤鶴來顯示山的孤高。而「萬年寡」在「百群叫」的襯托之下，更顯清寂。在這樣的環境下，真令板橋有出塵之感。末又以騎龍古仙人之說，增加山的空靈之氣[55]，嶧山的形象與氣象就很生動的在文字中呈現出來。

至於〈喜雨〉、〈渡江〉、〈江晴〉、〈瓜州夜泊〉等，

---

55 所謂山不在高，有仙則靈。

或雨、或湖、或江，皆偏向於水。尤其〈渡江〉的「**海日出復沒，江光紫而冷。風平浩浩波，帆定亭亭影**」，把水的顏色、溫度、波浪、水上景物都巧妙的映現於文字之中。當然，怡人的景色，最好是有山有水，就如〈山色〉：

> **山色清晨望，虛無杳靄間；直愁和霧散，多分遣雲攀。**
> **流水潺然去，孤舟隨意還；漁家破簑笠，天肯令之閒。**

詩中飄渺雲霧間的山，孤舟隨流於上的水，一切都是那麼自然，不須刻意的營造，而清悠的意象就已引領人進入一個陶然忘我的境界。因為此時的人，也已融入天地之中，成為自然的一部份，自是忘掉人世間的是非苦樂了。

劉大杰在《中國文學發展》書中對山水文學的興起說：「政治黑暗與社會紊亂，使得那些在政治上受壓迫和受佛教思想影響的知識份子，發生對於現世的厭惡和對自然界的嚮往，由此避世隱居之風，和對於山水風物的依戀和描摹，漸漸地在文學內出現了。」[56]的確，有很多關於山水的詩，事實上只是以山水作為表情達意的一種手段。但是我們也不能忽略另一種更接近自然的山水詩，關於此點，古遠清在《詩歌分類學》說到：「山水詩是要把捕捉和表現大自然之美作為自己的重要美學特徵，它不一定要求有鮮明的傾向性。」[57]

56 劉大杰著，《中國文學發展史》，第十章「南北朝的文學趨勢」三、山水文學與色情文學，（臺北：華正書局，1986），頁 303。
57 古遠清著，《詩歌分類學》，第一篇第三節「山水詩」，（高雄：復文圖書出版社，1991），頁 43。

而板橋這些描寫山水景物的詩歌，就是比較屬於古遠清所說的；並沒有個人強烈的寄寓在其中，只單純的表現了他對自然之美的觀感。除前面幾首詩之外，如〈宗子相墓〉：

寥落百花州，老屋破還在。遠水如帶環，東風吹野菜。

這首詩乃是對興化古蹟的吟詠[58]。但也只是地理景緻上的描摹而已。在此，看不出他對明代「後七子」之一的宗臣有什麼特殊觀點，也看不出他個人對這個宗臣讀書與永眠之處有什麼特殊感情。只能從詩中了解到宗臣之墓所在的百花州，有什麼樣的景觀。這在板橋描寫生活景緻的詩歌而言，也是同樣情形。

（二）寫生活景緻

這類詩所描述的景物，是帶有生活情趣的，所以稱爲生活景緻。如〈淮陰邊壽民葦間書屋〉中，「數枝蘆荻撐煙霜，一水明霞靜樓閣」，說的是住處的環境；而「隔岸微聞寒犬吠，幾撚吟髭更漏長」，則是說到住於此處的情形。有地方也有生活，所以是生活景緻的田園山水詩。其他如〈偶成〉、〈漁家〉：

雨過天全嫩，樓新燕有情。江晴春浩浩，花落水平平。
越女吹簫坐，吳兒撥馬行。回頭各含意，煙柳鬧州城。
（〈偶成〉）

---

58 自百花州距板橋所居之古板橋不遠，乃是明代「後七子」宗臣墓葬之地。

賣得鮮魚兩百錢，糴糧炊飯放歸船；拔來濕葦燒難著，曬在垂楊古岸邊。（〈漁家〉）

詩中沒有對山水的描寫，但是呈現出鄉城及漁家生活的景物與景象。同時，板橋是站在觀賞者立場去寫這些詩，詩中的具象是普遍的[59]。但是因爲個人在觀看時所帶的心情不同，於是所引出的生活情趣也不同。就如〈偶然〉詩中所說的「回頭各含意」。雖是如此，不過也因爲站在觀賞者的角度去寫，而缺少了詩人親身參與時的特殊感受。這可以由〈由興化迂曲至高郵七截句〉來看出其中的差異：

湖上買魚魚最美，煮魚便是湖中水。打槳十年天地間，鷺鷥認我為漁子。

詩中的生活景緻，是較偏向板橋個人的領會，「打槳十年天地間」，並不是每個人都有的經驗，「鷺鷥認我爲漁子」更是一種個人主觀意識的聯想。

而板橋這些生活具象的描寫之所以能營造出生活情趣，巧字的運用佔了很大功勞。如前文提到的「數枝蘆荻撐煙霜，一水明霞靜樓閣」。本來蘆荻，煙霜、明霞、閣樓，是很普通的景物，但加上一個「撐」字，蘆荻搖曳在煙霜中的立體感就出現了；一個「靜」字，則是把閣樓矗立在水邊的那種靜謐的氣氛烘托了出來。又如〈小廊〉的「亂鴉揉碎夕陽天」，

59 即這些景象的本身是具體而客觀的存在，如「濕葦難燒著」，無論對誰而言都是一樣的情況。

亂鴉和夕陽天本是不相干的，用了「揉碎」這種不合理的詞[60]之後，不但使二者有所關聯，而且還充滿了不合理的趣味。因為群鴉在天空亂飛，就好像把天空割成許多小小的碎片一般；而揉字又比割字好，割東西的線條比較整齊，揉東西的線條是凌亂的，更能顯示天空變成許多不規則小平面的情景。

不過，要善於運用巧字，就必須先有良好仔細的觀察力。而這對從小生長於自然鄉野間好山好水的板橋而言，是很輕而易舉的。所以他總能很生動的捉住田園山水間的自然美，如〈由興化迂曲至高郵七截句〉之一的：

> 百六十里荷花田，幾千萬家魚鴨邊。舟子搦篙撐不得，紅粉照人嬌可憐。

一片美麗的荷田，似乎就在眼前。又如〈喜雨〉中的「田中水淺天光淨」，雖是淺短的一句，但卻將雨後田野間的景色清晰的表達出來。當然，對於山水景物的描摹也需要這種能力。如〈山中雪後〉：

> 晨起開門雪滿山，雪晴雲淡日光寒。簷流未滴梅花凍，一種清孤不等閒。

一句「簷流未滴梅花凍」，就已足夠感覺到山中雪後那種充滿晶瑩、清涼的感覺。除了對自然的喜愛而能詳加觀察

---

60 因為事實上，亂鴉不可能會揉碎夕陽天，所以是不合理的詞。

體會外，板橋此類詩歌之所以如此鮮活，重要的原因，乃在於他也是一位有名的畫家，巧的是他所畫的也盡是自然的景物[61]。在此，他以文字當作畫筆，寫下這些詩中有畫之作。

此外，吾人發現不管是寫山水風光或生活景緻，詩裏都有“人”的存在。寫人物的，如〈閒居〉的「荆妻」與「弱女」[62]；或以其他有關人的事物來代表的，如〈小園〉的「坐久談聲天漸曙」，以人聲代表；〈雪晴〉的「簷雪纔銷日上遲」，以屋簷代表[63]；甚至〈小廊〉的「折取寒花瘦可憐」，也以折花來代表人的存在[64]。而這些詩歌中，人的存在，都是與自然和諧的並存著，甚至合而爲一體，所以往往有一種天人合一的意味，及物我爲一的情趣，含藏於詩中。

二、描寫人物

乃指描寫當時人之詩。這些詩既不是爲酬贈而作，亦不是詠懷古人的詠史詩。

主要是〈絕句二十一首〉，這是板橋爲免身懷絕藝的星散落拓之輩埋沒於歷史洪流之中，而特意寫作。他在詩後小

---

61 在題畫〈靳秋田索畫〉中，他自言：「板橋專畫蘭竹，五十餘年，不畫他物」。

62 〈閒居〉原詩如下：「嬾慢從來應接疏，閉門掃地足閒居。荆妻拭硯磨新墨，弱女持牋索楷書。柿葉微霜千點赤，紗窗斜日半窗虛。江南大好秋蔬菜，紫筍紅薑煮鯽魚。」

63 因爲屋子是人所蓋的，有屋簷當然是有屋子。也許屋裏已無人居住，但卻還是代表了人曾經在此有活動之跡。

64 〈小廊〉原詩如下：「小廊茶熟已無煙，折取寒花瘦可憐。寂寂柴門秋水闊，亂鴉揉碎夕陽天。」

序中說：「而星散落拓之輩，名位不高，各懷絕藝，深恐失傳，故以二十八字標其梗概。」這二十一首分別是〈高鳳翰〉、〈圖清格〉、〈李鱓〉、〈蓮峰〉、〈傅雯〉、〈潘西鳳〉，〈孫蛾山前輩〉、〈黃慎〉、（邊維祺）、（李鍇〉、〈郭沅〉、〈音布〉、〈沈鳳〉、〈周景柱〉、〈董偉業〉、〈保祿〉、〈伊福納〉、〈申甫〉、〈杭世駿〉、〈方超然〉、〈金司農〉。

此外，還有〈野老〉，〈細君〉、〈音布〉[65]，所描摹之人有漢人，滿人[66]，他們有些是文人，有些是官吏，有些是老百姓；同時也有男人、女人，在二十四首中表現出來，的確是琳瑯滿目。

在〈絕句二十一首〉中，因為他們既是身懷絕藝，當然也就多從其才藝作為下筆的重點了，如「年年賣畫春風冶，動手胭脂染不勻」，寫的是工指頭畫的傅雯。又如「畫雁分明見雁鳴，縑緗颯颯荻蘆聲」，乃贊嘆邊維祺的善畫。而「蠅頭小楷太勻停」，說的是工書的方超然。也有一些是以記載其特殊經歷為主的，如蓮峰曾經「鐵索三條解上都，君王早為白冤誣」。也有從外表去著手的，如說郭沅是「客來相對無言說，文弱書生小秀才」。這些人物中，李鱓、黃慎、金司農是揚州八怪的成員，板橋特地寫他們三人，可以更加印證八怪之中，他與這三人交往與情感都較為密切。同時從詩後的小序中，我們知道板橋是一位心胸寬大的文人，因為「文

65 板橋有兩首〈音布〉詩，一為七古，一為〈絕句二十一首〉其中之一。
66 除〈絕句二十一首〉中的圖清格、保祿、伊福納是滿人外，其餘皆漢人。

人相輕」自古即然，但板橋卻在詩中標出且贊揚他們的才情，這點是很是值得敬佩。

至於其他詩也是因各人特色去寫的，如〈野老〉：

> 輸罷官租不入城，秋風社酒各言情。明年二月逢春閏，細雨長隄看耦耕。

「不入城」，「各言情」已點出了野老不喜受約束的性情，末句更顯示出其悠閒淡然的心情。

比較特別的是〈細君〉：

> 為折桃花屋角枝，紅裙飄惹綠楊絲。無端又坐青莎上，遠遠張機捕雀兒。

它的特殊在於所描寫的對象是此類詩歌中唯一的女性。所以板橋也用了比較軟性的詞語來形容，如「桃花」、「紅裙」、「綠楊絲」，「青莎」、「雀兒」等。板橋不從其外貌去描寫這名女子，卻以她「折屋角桃花」、「張機捕雀」的行爲顯現出女子的嬌俏。尤其是「紅裙飄惹綠楊絲」，這一充滿色彩的詩句，把女子亮麗輕盈的身影很自然的呈現出來。

另外，板橋以此類詩中最大篇幅來描寫音布，在〈絕句二十一首〉中也提到他。爲何板橋要特別描摹此人呢？我們可從詩中找到答案：

昔予老友音五哥，書法峭崛含阿那。筆鋒下插九地裂，精氣上與雲霄摩。陶顏鑄柳近歐薛，排黃鑠蔡凌顛坡。墨汁長傾四五斗，殘毫可載數駱駝。時時作草恣怪變，江翻龍怒魚騰梭。與予飲酒意靜重，討論人物無偏陂。眾人皆言酒失大，予執不信嗔為訛。大致蕭蕭足風範，細端瑣碎寧為苛！鄉里小兒暴得志，好論家世談甲科。音生不顧輒嚏唾，至親戚屬相矛戈。逾老逾窮逾佛鬱，屢蹎屢仆成蹉跎。……。（〈音布〉）

原來，除了音布「善書」[67]的才能之外，應該是他那狂怪疏放的個性，與板橋的氣味十分相投，所以對他惺惺相惜。而音布「逾老逾窮逾佛鬱，屢蹎屢仆成蹉跎」的遭遇，卻是令一向帶有倔強氣而不願向命運低頭的板橋，感到很惋惜。對於人才流落至此的下場，更令不得志的板橋也有無限的感慨。

綜而觀之，描寫人物，就是要表現此人特殊之處，否則人人相同，就沒有特別舉出的必要。而板橋總能在「共相」中，找到代表某某人的「殊相」，這是描摹人物時最重要的一點。

以上是其他詩類中較具規模的，但另外還有少部份的詩，也可歸納出不同的性質，惟數量較少，無法作出更具說服性的系統分析。故而只好分段來加以說明。

首先，談到的是〈除夕前一日上尊汪夫子〉、〈上江南大方伯晏老夫子〉、〈呈長者〉、〈讀昌黎上宰相書因呈執政〉、〈范縣呈姚太守〉這幾首詩。這些都是板橋寫給長官

---

67 〈絕句二十一首〉中〈音布〉詩前有小注曰：「字聞遠，長白山人。善書」。

的明志詩，大部份是向長官求助，希望能入於仕途中發揮理想；但〈范縣呈姚太守〉卻呈現出不同的面目：

> 落落漠漠何所營，蕭蕭澹澹自為情。十年不肯由科甲，老去無聊掛姓名。布襪青鞵為長吏，白榆文杏種春城。幾回大府來相問，隴上閒眠看耦耕。

我們再舉〈上江南大方伯晏老夫子〉之三、四來比較：

> 星軺渺渺下南邦，劍匣書囊動曉裝。六代煙花迎節鉞。一江波浪湧文章。雲邊保障開鍾阜，天下軍儲仰建康。赤旱於今憂不細，披圖何以繪流亡！
> 淮南大郡古揚州，小縣人居薄海陬。架上縹緗皆舊帙，枕中方略問新猷。鄱湖浪闊輸洋子，匡阜雲來潤石頭。手把干將渾未試，幾回磨淬大江流。

前者寫於板橋爲范縣縣令，雖然表面是解釋不在衙裏的原因，但他所明的「志」，不再是如後者，那種「手把干將渾未試，幾回磨淬大江流」躍躍欲試於仕途的期待，反倒是說自己無意功名，但爲官之後，卻也是儘量做個下訪民間的循吏。所以我們知道板橋的干謁，是希望得到一展致君澤民的機會。但是低頭求人之事，本非板橋所願，因此真正干謁的只有三首[68]。

68 〈除夕前一日上尊汪夫子〉也只是向汪芳藻說明自己家貧的窘況，希望在「明年又值掄才會」時，能「向秋風借羽翰」，也就是希望得到而〈比蛇〉、〈脆蛇〉，〈雲〉，〈芭蕉〉，〈梧桐〉、〈十日菊〉、〈秋荷〉，都是吟詠物體的詩，應當可算是「詠物詩」。李鍌等人在所著的《中國文學概論》中說：「詠物詩是以吟詠自然界的小件物體的詩歌，這些小件物，包括有生命或無生命在內」[69]。清俞琰在《詠物詩選》云：「詠物一體，以窮物之情，盡物之態」，又云：「詠物之始，早見於詩經，……至六朝始以一物命題，唐人繼之，著作益工，兩宋元明承之，篇什愈廣。」[70]以上是詠物詩的定義與淵源。而這七首詩，都是以物命題，且吟詠的都是小件物。至於表現方法，以〈芭蕉〉爲例來看：

> 芭蕉葉葉為多情，一葉纔疏一葉生。自是相思抽不盡，卻教風雨怨秋聲。

首先捉住芭蕉「一葉纔疏一葉生」的特點，來聯想是芭蕉的多情。再依此發展出相思不盡怨秋聲的喟嘆。事實上，多情的是人，相思不盡的也是人，怨秋聲的也是人。所謂「以物興懷，因物引詩」[71]，句句是扣著物來說，但也句句是說人，因此不即不離但又比擬貼切。板橋的善聯想，善比喻，善形容，不言可知。

汪能幫助他進京考試的旅費，因此不能算是干謁詩。

69 李鍌等著，《中國文學概論》第三章「詩歌」，（國立空中大學印行，1987），頁 206。

70 【清】俞琰輯，《歷代詠物詩選》序，（臺北：清流出版社，1976）。

71 張正體著，《學詩門徑》，第七章第四節「寫景詩及作法」，（臺北：台灣學生書局，1983），頁 145。

值得一提的是，板橋有四首詠植物的詩，在詩文中都提到了秋，除〈芭蕉〉的「卻教風雨怨秋聲」外，尚有〈梧桐〉的「亂掃秋星曉霜落」；〈十日菊〉的「破籬笆外鬥秋霜」；以及〈秋荷〉的「秋荷獨後時」。通常植物是秋天便開始漸落葉，但這四種植物，芭蕉是「一葉纔疏一葉生」，梧桐是「百尺夜蒼蒼」，菊花是「鬥秋霜」，荷花是「見風姿」，皆隱含了不屈服的特質，而這也正是板橋的個性。

另外，尚有一些詩是記載生活雜感，因找不到特別明顯的主題，亦找不到類似的題材，但都與生活有關，故名之曰「生活雜感詩」。如〈塞下曲三首〉，說的是與慎郡王狩獵的情形，詩中「一種風流夾莽蒼」的豪邁，與「塞草」、「胡姬」，「駱駝」、「關塞」，「豐狐」等有關邊塞之語，頗類似「邊塞詩」。但也只有這一組三首，而且當時板橋最大的感言，是因生活環境改善而發的「洗盡寒酸舊筆頭」。最具代表的應是〈斷句〉詩：

> 小小茅齋短短籬，文窗繡案緊封皮；秋風白粉新泥壁，細貼群賢斷句詩。

詩前有小序：「白駒場顏秋水前輩詩云：（註：此處中間有缺佚）。又云：「偷臨畫稿奴藏筆，貪看斜陽婢倚樓。滿洲常建極有云：奴潛去志神先阻，鶴有飢容羽不修。湖州潘汝龍西湖詩云：秋風雁響錢王塔，暮雨人耕賈相園。淮安程鳳衣云：乾坤著意窮吾黨，途路難言仗友生。一斑可喜，何必全豹。」事實上，此詩就只是這段序言的結語而已。

此外，還有記載一段偶遇的〈長千兒女〉詩，以及對牛郎織女有所感的〈七夕〉詩[72]。這些生活雜感詩，雖然各不相同，卻都也是屬於板橋生活點滴的情形與感想。

由上可知，雖然板橋的詩數量不多，但是題材卻是頗爲繁雜。因爲他既沒有什麼計劃去創造一套文學理論，亦沒有系統的去從事詩文的創作，只是如他自已說的「興到千篇未是多，愁來一字懶吟哦」[73]那般的隨興而作。而這些詩歌便是他「乃興勃發處，煙雲拂滿紙」[74]之作，充滿了板橋的真實生活與真實情感，可真是一如其人的詩歌了！

72 雖是有所感，但不牽涉到個人自身的感懷，因此不算是感懷詩。
73 見〈饒詩〉一詩。
74 見〈胡天游弟〉一詩。

第四章　鄭板橋詩歌的思想

板橋的怪，和他那與世俗不同的思想有很大的關係。余我在〈鄭板橋的思想的剖析〉[1]一文中說：「板橋聰明絕頂，識解迴異流俗，實在是清代有數的大思想家，世人只知推崇他的書法，…賞玩他的畫品，…稱讚他的詩詞，卻忽略了研究他的思想。」的確，很少有專門研究板橋思想的資料。本來，一人有一人的思想，眾人的思想中總是有異有同，但卻也往往受限於時代的思想潮流。而板橋思想獨特之處，即是在某些程度上，突破了時代思想潮流，而有更進一步的看法[2]。因而形成了他部分不合於時的言行，成了世俗眼中的「怪人」。

第一節　儒道釋合流的人生觀

自漢武帝獨尊儒術以來，儒家便在中國思想史上佔著領導地位，影響了後世千千萬萬個子民。而道家，乃是與儒家

1 余我著，〈鄭板橋的思想的剖析〉，出版月刊第二十四期（1967），頁 67。

2 此處所謂更進步的看法，乃是以今日的眼光來看。

並列爲中國傳統之道的兩大主流，自然也有其深遠的影響力，只不過道家思想，往往是潛藏於一般人的生活之中，發揮無形的力量。至於釋家（即佛家）則是中國民間信仰的主要，其思想也隨宗教的傳播而深入民心。

中國傳統的文人，大多兼受儒、道、釋各家的影響，板橋亦然。只是各家對各人的影響，程度不一，如板橋，在此三家的思想中，他還是以儒家爲主，故而首先從儒家思想對板橋的影響說起，次而道、釋，再說明此三家形成了他什麼樣的人生觀。

一、儒家的仁愛與入世

在板橋最能表現其思想的家書中，曾多次提到孔子，如〈焦山別峰庵雨中無事書寄舍弟墨〉的「孔子燒其可燒，…身尊道隆，爲天下後世法」；〈范縣署中寄舍弟墨第三書〉的「特無孔子作春秋…故不傳於世耳」；〈濰縣寄舍弟墨第三書〉的「天生聖人亦屢矣，未嘗生孔子也。即生孔子，天地亦氣爲之竭而力爲之衰，更不復能生聖人」等等。從這些例句可以看出他對孔子的敬仰，甚至罵那些「不仁不智，無禮無義，無復守先待後之意」[3]的秀才，是孔子的罪人！而〈范縣署中寄舍弟墨第四書〉中的「我輩讀書人，入則孝，出則弟，守先待後，得志澤加於民，不得志修身見於世」，正是傳統儒家之言！不過從他詩歌中所表現的思想，更可以看出

3 見〈焦山讀書寄舍弟墨〉。

他是一個儒家擁護者與實踐者。

在〈七歌〉、〈哭犉兒〉、〈懷舍弟墨〉、〈乳母詩〉中，除流露著對至親者的懷念外，還帶著有因無法盡孝親之情，盡父叔之義的愧疚，如：

> 無端涕泗橫闌干，思我後母心悲酸。(〈七歌〉之三)
> 天荒食粥意為長，漸對吾兒泪數行。(〈哭犉兒〉之一)
> 起家望賢弟，老兄太浮誇。(〈懷舍弟墨〉)
> 平生所負恩，不獨一乳母。(〈乳母詩〉)

可見板橋是個心存孝悌的人。至於一些有關表現朋友情誼的詩，如〈秋夜懷友〉、〈飲李復堂宅賦贈〉、〈音布〉等等，也可以看出他對朋友的關心與義氣，故知他是一個孝友兼具的人。因爲只有孝友兼具，才會時時反省自己是否有爲孝悌之道，才會爲了無法上養父母叔師，下育子女姪弟而有「遂令漸惡久」[4]之感；也才會「客中又念天涯客，直是相思過一生」[5]，更會爲了朋友的遭遇的不平而「頓足歎恨雙涕沱」[6]。而孝悌友愛，不正是儒家所強調的嗎？板橋不只愛親人、愛朋友，對天下蒼生，更具有人愛之心。在〈上江南大方伯宴老夫子〉詩中，他爲黎民受災荒之或心痛地說道：「赤旱於今憂不細，披圖何以繪流亡！」，他認爲「萬物總同胞」

4 見〈乳母〉一詩。
5 見〈秋夜懷友〉一詩。
6 見〈音布〉一詩。

[7]，不論人或動物，都是生命，不可輕忽踐踏，所以在〈同起林上人重訪仁公〉詩中，借佛語曰：「莫教輕一物，可待報他生」，這種仁民愛物的精神，更是儒家中心思想的表現。

板橋不僅具有儒家的孝悌友愛與仁人之心，更重要的是，他還積極的去實踐這種情操。儘管在這世界上，他只不過是渺小一人，對於政治社會許多的黑暗，也會心有餘而力不足的說道：「世間如此，英雄奈何」[8]；對於人心的貪婪現實，也只能感慨「愛巧嫌癡重，人情可奈何」，[9]但只要他有施展的機會，便要盡力做到仁民愛物。所以當他為官之後，脫離了窘艱的貧士生活[10]，有餘力助人時，便「芒鞋問俗」[11]，希望對於那些「秋寒室無絮，春雨耕無牛；嬌兒樂歲飢，病婦長夜愁」[12]的貧弱者，能夠給予援手，儘量做到「仁風遍野」[13]之境。「得志澤加於民」，不是他在家書上的口號，而是實際的行動。[14]

就因他深愛儒家思想，所以詩歌中充滿了民胞物與的精神，這在他的社會詩中表現得更為明顯。而儒家「原道、徵

7 見〈題畫竹六十九則〉中其一，本收於書苑一卷三號，今收於《鄭板橋集》補遺中。
8 見〈題畫竹六十九則〉中其一，收於古芬閣書畫記卷十八，今收於《鄭板橋集》補遺中。
9 見〈雲〉詩。
10 〈貧士〉詩首句即為「貧士多窘艱」。
11 〈喝道〉詩中有「芒鞋問俗入林深」之句。
12 指開頭是「文章動天地，百族相綢繆」的〈偶然作〉。
13 〈賀新郎・送顧萬峰之山東常使君幕〉一詞中有「須勗以仁風遍野」。
14 有關鄭板橋愛民護弱的事蹟，在《清史列傳》的〈鄭燮傳〉，以及重修《揚州府志》卷四十八，咸豐年重修《興代縣志》卷八，法坤寫的《書事》等等，皆有記載。

聖、宗經」的文學理論，更是爲板橋所奉行。雖然在〈後刻詩序〉中自言：「吾輩所爲，風月花酒而已」，但事實上，也許尙未臻三百篇之旨，卻是真的與社稷生民之計了。當然，另一方面，對於那些有違甚至是有辱儒家仁義之教者，就忍不住要深惡痛絕地罵他們「無奸不直，無淺不深」，因爲這些小人不但「夜殺其人，明坐其家」，而且還以仁義之表來愚眾，所謂：

> 仁義之言，出於聖口；奸邪竊似，濟欲忘醜。播談忠孝，聲悽淚痛；哈詎賢明，況汝愚眾。[15]

這種滿口仁義道德，卻胡作非爲的小人，比起說惡作惡的壞人還來的可怕、可惡，因爲他們本身已無仁義，卻還要假借仁義以掩其行，真是汙衊了板橋所遵奉的儒家[16]。

然而，環境的坎坷與阻礙使他雖然有儒家入世爲人的熱忱，卻落得「一行不當，百慮難更」[17]，「進又無能退又難」[18]的地步。因爲並非所有的人都和他有志一同，尤其在官場上，那些唯利是圖的貪官汙吏，既怕板橋妨礙他們得到好處，又怕他搶了功名，自然要去之而後快了。這種情況下，即使曾經「千磨萬擊還堅勁」[19]的板橋，也不免要感到灰心失望

15 以上皆引自〈詩四言〉。
16 因爲「仁」是孔子的中心思想；「義」是孟子的中心思想，所以竊取仁義之言惑眾，就是有辱孔孟這兩位儒家的先師。
17 見〈署中示舍弟墨〉詩。
18 見〈畫菊與某官留別〉詩。
19 見題畫〈竹石〉。

而萌生退意了。此時，消極的心態，容易使人轉入道家的思想[20]。

二、道家的自然與出世

尹雪曼在《中國文學概論》[21]一書中提到，道家思想「潛伏在國人的心底，不必靠宣揚，不必靠啓引，只要儒家的勢力一鬆懈，便蠢然欲動起來。翻開我國思想史，遇到社會變遷，政治紊亂的時代，經過多少博學鴻儒辛苦建立起來的儒家統一局面，總悄然引退；道家思想卻輕而易舉地取代了代替的地位。」個人也是有類似上述的情形，也就是遭受到挫折失意之時，容易傾向道家的思想。

雖然板橋在〈燕京雜詩〉中說自己是「不燒鉛汞不逃禪」，但他卻有在〈道情〉十首之九中寫著：「羨莊周，拜老耼」。〈道情〉歷十四年才正式問世[22]，可說是板橋這十四年來生活經歷琢鍊之下的結晶。此段時間，他遭遇了喪妻、中舉、叔父去世、中進士、乳母卒、爲范縣令等這幾件大事[23]，雖是起起落落，但畢竟失意多於得意。而對這樣的人生旅程，

---

20 因爲失望之後，往往失去鬥志，對得失也不那麼斤斤計較；甚而一切無意爲之，任其發展，或是退回原點，守住自我。此與道家之「任期性命之情，歸根復命」有相似之處。

21 見第三章第一節〈道家的文學觀〉，三民書局，頁 26。

22 在〈劉柳邨冊子〉（殘本）記載著「道情十首，作於雍正七年，改削十四年而後梓而問世」。

23 根據《鄭板橋集》的〈年譜〉，徐夫人於雍正九年病歿；雍正十年，赴南京應鄉試，中舉；十一年，叔省庵公卒；乾隆元年，中式成進士；二年，乳母卒；七年，爲范縣令。

板橋的態度是 — 順時聽天！既是命運如此，再怎麼怨天尤人，還是得承受，不如就看開吧！所以他要的是「聽任自然」的道家思想，而非煉丹養生的道家之術。

既是一切聽任自然，也就不再萬事耿耿於懷，當年獨子犉兒死了之後，板橋以哀悽傷痛的口吻寫下〈哭犉兒五首〉，但是他在〈止足〉詩中寫著：「有後無後，聽已焉哉！」連「不孝有三，無後爲大」的傳宗接代之事，也看開了。既是「世間萬事何時足」[24]，那就「一憑他雨打風吹」，「任從他風雪關山」[25]吧！不過這種消極的出世念頭，並非板橋當時心中真正的領悟，而是困厄環境下的一種自我解脫。否則，他也不會因五十二歲終得一子而欣喜若狂！而在〈送陳坤秀才入都〉詩則叮嚀對方「對人慎勿羞吾貧」；更不會自豪的刻上「乾隆東封書畫史」的印章，以紀念曾爲乾隆東巡時書畫史一事。倒是六十六歲時所作之詩〈真州八首，屬和紛紛，皆可喜，不辭老醜，再疊前韻〉中，最末二句的「而今說醒雖非醒，前此俱爲蝶夢魂」，頗有那種莊子「忘坐」的感受！這時候的他，才算是真正看穿了世事的牽滯，而超越其上了。

此外，板橋的道家思想還表現在他對自然的嚮往。道家本就是以自然爲本，老子曰：「人法地，地法天，天法道，道法自然。」[26]，自然是萬物之所法。在〈濰縣署中與舍弟墨第二書〉的「書後又一紙」中，板橋說：「大率平生樂處，欲以天地爲囿，江漢爲池，各適其天，斯爲大快。」在〈輓

24 見題畫〈八畹蘭〉。
25 二處接引自〈道情〉。
26 見《老子》第二十五章。

老師鄂太傅五首〉之五也說：「籠鳥放還天地囿，池魚樂並海江涯。」這種萬物歸於自然，自得逍遙的觀念，正是莊子齊物論的思想。他自己更是常於詩歌中，流露嚮往能徜徉於天地自然之間與之相融相合。如：

「欲買扁舟從釣叟，一竿春雨一簑煙」（〈村塾示諸徒〉）

「借取農家新箬笠，一竿煙雨入滄浪」（〈送職方員外孫丈歸田〉）

「結茅此間住，萬事棼可捨」（〈嶧山〉）

「秋雲雁為伴，春雨鶴謀梁；去去好藏拙，滿湖蓴菜香」（〈思歸行〉）

以上種種顯示出他不僅欣賞自然，還要走入自然之中，所謂「天地與我爲一也」。

除環境的困挫，使他從道家「超脫一切」的主張中尋求一條自我慰藉之路外，其次的原因，應當是和道家中人往來，以及多接觸自然景物有關。在本文第三章第四節〈興味盎然的酬贈詩〉曾提到，板橋性好遊山玩水，也遊歷了許多地方。一路上「長遊於古松、荒寺、平沙、遠山、峭壁、墟墓之間」[27]，各種不同的自然景觀，必定給予這位敏感多情的狂士，許多心靈上的陶冶和啓發。而他從小生長的興化與後來爲官治理的范縣，都是屬於質樸自然的小邑，較少受到繁榮虛華

27 見〈板橋自敘〉。

的汙染，這樣的環境，也會對他有所影響。加上他常深入民間，與農漁樵牧常有接觸，這些依自然而存的人，與商賈官吏相較下，顯得淳樸單純。另外，從〈贈石道士〉、〈宿光明殿贈婁真人〉等寫與道士、真人的詩歌來看，可知他與道家人士的交往，或多或少也受到一些薰染。

不過，他雖認同道家「順時安命，聽任自然」，「各適其性，便得逍遙」，事實上，卻不能徹徹底底突破執著的心。倒是「無爲」這個道家的主要思想，板橋在治理人民時，真正的實行過[28]。但，不可否認的，道家思想對板橋的影響，只在儒家之下。尤其是老年以後，對人生的看法，充滿了「無心不在遠，得意不在多」[29]這種道家閒適恬淡的態度。

道家的人生觀，對板橋的詩歌又有什麼影響呢？除了那些顯示消極出世念頭與恬淡閒適的作品外，他俚質自然、直抒情感的文章，以及浪漫的文風，正符合了尹雪曼在《中國文學概論》第三章第一節「道家的文學觀」中，所歸納出的結論：「受道家思想影響的文學作品也就呈現了特殊的多樣性，…第二、個人的意志受到重視；文學的目的不再限於狹隘的載道一途；而成爲發抒作者情感，表達作者意念的最佳工具，自由浪漫的文風因而大盛。…第四、文字的表現上，或平實，或浮夸，沒有一定規律可循；但卻不以綺麗爲貴，不以雕琢爲高，崇尚自然的美。」[30]

---

28 此點在本章第二節〈以民爲貴的政治思想〉，（三）「爲官態度」中會另作說明。

29 見〈閒居賦〉。

30 同註 21，頁 29。

三、釋家的慈悲與遁世

上文曾說明，板橋在〈燕京雜詩〉句中「不燒鉛汞」，乃是指不學煉丹養生的道術。而「不逃禪」，也不是表示他排拒佛家思想；而是說明自己不會爲逃避世事去信奉佛教。事實上，板橋的從祖即是出家人（即福國上人）。他更有許多朋友與佛家有或多或少的關係，如揚州八怪的金農，其別號「蘇伐羅吉」的「蘇伐羅」，即是佛經中「金」的意思；「黃慎晚年以鸁筆畫仙佛逕丈許」[31]；羅聘更是「夙耽禪悅，好釋式之書」[32]。

在板橋的詩歌中，更有不少酬贈釋者之作；如〈贈甕山無方上人二首〉、〈贈博也上人〉、〈寄松風上人〉、〈贈巨潭上人三首〉、〈別梅鑑上人〉、〈寄青崖和尚〉、〈山中夜坐再陪起上人作〉、〈逢客入都勗寄宗上人口號〉、〈破納〉、〈署中無紙書狀尾數十與佛上人〉、〈留別恆徹上人〉等[33]。加上他曾多次尋訪古剎廟宇[34]，並曾讀書寄居於興化天寧寺與焦山的別峰庵。前文提到的《清史列傳·鄭燮傳》中，也記載他「喜與禪宗尊宿及期門弟子遊」，故知，他與佛家接觸不但很多，而且也是性之所嗜。

---

31 王幻著，《揚州八怪畫家傳》之三〈七閩老畫師·黃癭瓢〉，（臺北：藝文志文化事業公司，1970），頁 66。

32 同註 31。

33 因數量頗多，凡重複酬贈者，不予一一列載。

34 在此，有關詩歌之作，如〈山寺〉、〈韜光〉、〈法海寺訪仁公〉、〈招隱寺訪舊五首〉、〈宿野寺〉等。

釋、道與儒的入世思想相較之下，顯得比較出世。在處世態度上，儒家是要明知不可爲而爲之；道家認爲要揚棄一切滯礙，悠遊於天地之間；佛家則認爲，一切自命定，萬事皆空無。〈道情〉之三，對僧人的描寫是：

老頭陀，古廟中，自燒香，自打鐘；兔葵燕麥閒齋供。山門破落無關鎖，斜日蒼黃有亂松，秋星閃爍頹垣縫。黑漆漆蒲團打坐，夜燒茶爐火通紅。

可見板橋是頗清楚也羨慕佛家這種無牽無掛的態度。在他那些有關僧佛的詩中，也是大多具有佛家的空靈之氣，如〈贈巨潭上人三首〉之三：

寒煙裊裊淡孤村，一絡雙華界瓦痕。睡足曉窗無一事，滿山晴日未開門。

又如〈法海寺訪仁公〉之二：

參差樓殿密遮山，鴉雀無聲樹影閒。門外秋風敲落葉，錯疑人叩紫金鐶。

雖然嚮往佛家「比世人少卻幾莖頭髮，省得許多煩惱」[35]，可是他卻無法看破紅塵，因爲受儒家入世觀念影響富有

35 見〈瑞鶴・仙僧家〉一詞。

責任感的他，很想有一番作爲；所以，在沒有絕望之前，他放不下也不願放下世間的一切。然而，理想與事實的差距是如此的大，命運的打擊也如此的多，使他無法反抗，只有忍受。在最消沉的時候，只能如在道家思想中尋得自我解脫般，也躲在佛家思想「因果命定」的慰藉下。如〈哭犉兒五首〉之五的末兩句：「浮圖似有三生說，未了前因好再來」，這是他首度遭喪子之痛，當時唯一的兒子在「寒無絮絡饑無糜」[36]之下病死，哀痛之餘，也只能但願再結來生了。又如〈韜光〉詩末二句的「我已無家不願歸，請來了此前因果」，因爲那時，一直給予他支持安慰的徐夫人病歿未久，喪妻之痛使他悲傷難抑。不過，出家只是在萬念俱灰下的念頭，當時局有了轉機，他仍是想一展所長。

板橋的思想中，最與佛家相符的，就是「慈悲爲懷」。深受儒家仁民愛物的思想下，他當然反對兇殘暴戾之事，〈濰縣竹枝詞〉之二十三就明白地寫著：

> **天道由來自好生，家家殺戮太無情。老夫欲種菩提樹，十里春風作化城。**

而在〈同啓林上人重訪仁公〉的詩句中，他說：「莫教輕一物，可待報他生」，真是深具佛教勸世的意味了。他對眾人這麼勸誡，對自己的親人呢？在〈濰縣署中舍弟墨第二書〉中，他說：「我不在家兒子便是你管束。要須長其忠厚

36 見〈七歌〉之六。

之情，驅其殘忍之性」。與板橋平日濟民之實參照，可見他既非爲沽名，亦非爲附和，而是真的「慈悲爲懷」！

所以，可在板橋的詩歌中，找到許多佛家語、佛家物；也可以發現那些與佛家有關的詩，大多呈現清靈的韻味；更能處處感受到他詩中流露出的慈悲爲懷。

究竟，儒家的仁愛與入世，道家的自然與出世，釋家的慈悲與遁世，造成板橋什麼樣的人生觀呢？其實，這三者有時是交替出現的。青年時期，雖然已遭受許多困厄，但雄心猶在，看他所寫的〈觀潮行〉一詩，在觀了「翠樓朱檻衡波翻，羽旗金甲雲濤上」的大潮之後，便感到「我輩平生多鬱塞，豪情逸氣新搔癢」，而於〈弄潮曲〉之詩中，更言看到錢塘小兒弄潮的經過，使他有「世人歷險應如此，忍耐平夷在後頭」的觀感。此時的他，頗有「風雨不能搖，雪霜頗能涉」[37]的氣慨。

但是，命運不只是給他窘迫的環境，而且還一再奪去他的親人。原本滿懷壯志，希望能跳脫出貧苦。然而，一向是他精神支柱的親人，卻等不及他功成名就，就已屈服在命運的生死之下。這時的板橋，可說是心灰意冷，因爲那時他所擁有的，就是溫暖的親情，如今這唯一所有，也被命運撕成破碎，還談什麼兼善天下，獨善其身？不如遁入空門，一切讓其「萬象皆空」[38]吧！

---

37 見〈題畫竹六十九則〉，收於《美術研究》，今錄於《鄭板橋集》補遺中。

38 見〈題畫竹六十九則〉，原見《書苑》一卷十號，今收於《鄭板橋集》補遺中。

不過這是因一時的憤懣、頹唐，才有的念頭。到了爲官之後，他又盡力去實行孔孟致君澤民的理想，只是，官場的黑暗，又再度澆熄他的熱心，他「日有悔吝，終夜屏營」[39]的結果，終於想通了不要戀棧的道理，既已不可爲，那就真的不要爲，做個輕鬆自然的「真我」吧！他在〈予告歸里，畫竹別濰縣紳士民〉的題畫詩中，寫的就是這種心情：

> 烏紗擲去不為官，囊橐蕭蕭兩袖寒；寫取一枝清瘦竹，秋風江上作漁竿。

當儒、道、釋三者相疊，板橋也有一套選擇的原則。即是他在〈偶然作〉一詩中所寫的「不仙不佛不聖賢」，對佛、道、若是非正宗傳統思想的枝節，如迷信、煉丹、囿於聖人，是不予採用的。他一直是以儒家的孝悌仁愛爲主，這是平日待人行事的基礎；雖然他聰明非常，爲人耿直，好義嫉惡，屢蹶屢仆，可說是光明磊落了，但得到的又是什麼？世上牽絆太濃，滯礙太多，苦凡事一一計較，到頭來，也只落得「不知喜怒爲何事，夜夢跼蹐朝喧豗。一年一年逐留滯，徒使高人笑疣贅」[40]的地步。所以，他希望能有道家的脫俗，有佛家的看破。但既要有儒家的入世，又要有道、釋家的出世，中間要如何權衡呢？面對世上這麼多的恩恩怨怨，是是非非，又要如何擁有自我呢？

---

39 見〈署中見舍弟墨〉詩。
40 見〈懷無方上人〉一詩。

終於，他領悟到「難得糊塗」這句話[41]，在難得糊塗四個大字下，寫著他的座右銘：

> 聰明難，糊塗難，由聰明而轉入糊塗更難。放一著，退一步，當下心安；非圖後來福報也。

王家誠在《坎坷身世造成的書畫怪傑》[42]一文中說到：「他突然領悟鄂爾泰口中的『糊塗』，不是鄉愿、世故，正是一種圓融的智慧和廣闊的包容性。」因為有這樣的智慧與包容性，所以一切的好與壞，他就以順其自然的灑脫來看待。

這樣而來的人生觀，使他的詩歌有儒家的思想外，也有道、釋的觀念。但最後，他是真如在〈送都轉運盧公〉一詩中所寫的「經歷悲歡並喧寂，心絲裊入碧雲層」；因此，我們也不難發現到他詩歌中所透露和人生觀相同的風格，那就是灑脫、自然。

第二節　以民為貴的政治觀

身處於滿清盛世的板橋，對於當時富強卻又極權統治漢人的清室，是怎麼樣的態度？從一個輕狂的文人變成七品

---

41 這是板橋根據乾隆元年參加殿試，主持殿試的主考官鄂爾泰所說的：「大事不可糊塗，小事不可不糊塗；若小事不糊塗，則大事必至糊塗矣。」而得來的

42 王家誠，〈坎坷身世造成的書畫怪傑〉，《大華晚報》，民國六十七年十一月五日。

官，他對功名又是如何看法？在十二年的宦途裏，他有什麼政治理念呢？以上的問題，對板橋的詩歌有何影響？在他的詩歌中又呈現出什麼答案？這些就是本節所要討論的重點。

由上可知，此處的政治觀，乃是就比較廣義而言的。但最主要的中心論點，則是「以民爲貴」。因爲板橋是個憂時憂民的人，而且嫉惡如仇，對貧弱者則有無比的同情心。所以不論是民族意識，或是仕隱之間，都與他「以民爲貴」的想法有關；尤其是施政理念，更是處處基於此點而發，因此他的政治作爲，也都充分表現出愛民如子的精神。以下便是依「民族意識」、「仕隱之間」、「爲官態度」三部分，來說明板橋詩的政治觀。

一、民族意識

雖然清室在康熙時，天下已定。但是在所謂「忠臣不事二主」的傳統觀念下，一般臣民往往仍是心繫前朝。試看中國歷代的交替，總是有許多忠貞節義之士，或抵死以抗，或以死殉國，或避而不出。這種排斥的心理，在異族入侵時更爲明顯；因爲他們不但是取我朝而代之的人，而且還是非我漢族子弟的外人。此時的排拒，將隨民族意識的高漲而更加激烈。因之，以異族入主中原的清朝，自然受到明代遺臣子民此起彼落的抵抗。即使是昏君當政，佞臣弄權下，南明還是在少數愛國臣民的擁護支持中，延續了十多年，他們的愛國之心，由此可見。而清兵入關時的燒殺擄掠，更使百姓們無法忘懷。加上清對滿漢的不平等待遇，及對漢人的種種壓制手段，所以即使板橋出生時，滿清已立國四十九年，但民族意識還是留在那些仁人志士的心中。

從資料上來看，板橋的民族意識是深受其師－陸種園的影響。在《鄭板橋集》中，有三首作品是附錄他人的之作，一首是慎郡王所寫的〈紫瓊崖主人送板橋政燮爲范縣令〉；另外兩首則皆爲種園的詞。其中之一的〈賀新郎・弔史閣部墓〉[43]，稱讚史可法是「儘孤臣一死他何怕，氣勘作，長虹掛」，對於忠臣的下場是感到「難禁恨淚如鉛瀉」，可以看出種園是一位具有民族意識的人。板橋受詞學於他，自然也受到其民族意識的感染。而且板橋敢在文字獄仍盛的當時，將此闋詞附於自己的作品集中，除了表示對老師的敬佩外，同時對於詞中所蘊含的民族意識，想必也是戚戚於板橋心中！

而板橋崇慕的前人之一，即同受異族統治的鄭所南，也就是南宋遺民的鄭思肖。板橋那方「所南翁後」的印章，一來是對「蘭竹之妙，始於所南翁」[44]的繪畫技巧甚爲欽服；二來則是對其「失土蘭花」[45]的民族意識深爲景仰。所以在另一則〈題畫〉[46]中，他甚且直呼「吾家所南」了！另外，有強烈民族意識，舉鴻博不就，寧願布衣終老的金農，則是揚州八怪中和板橋交往甚密者。他二人不但情誼深厚，而且板橋對這位年長於他的「老匹夫」[47]也是敬佩有加。

43 另一首詞是〈滿江紅・贈王正子〉。
44 此〈題畫〉見於《中國名畫集》，今收於《鄭板橋集》的〈補遺〉中。
45 所南於宋亡後，畫蘭有根無土，以表國土淪亡的悲痛。
46 見於《支那南畫大成》，今收於《鄭板橋集》的〈補遺〉中。
47 見〈絕句二十一首－金司農〉。

這三個人對板橋的民族意識，有一定的影響力。從他的〈念奴嬌・金陵懷古十二首〉中，不難發現字裏行間所流露出激昂慷慨的民族意識。如之一的〈孝陵〉中：「聞說物換星移，神山風雨，夜半幽靈哭」，以及〈弘光〉中的「草木山川何限痛」都是表達出對明亡的哀痛。民族意識同樣也顯示在詩歌中，如〈種菜歌〉、〈後種菜歌〉，在詩前，他明白的表示是「爲常公延齡作」。這位身爲明代開國功臣常遇春後裔的孤臣，對明朝之忠，連避居種菜後，還「時供麥飯孝陵前，一聲長哭松楸倒」[48]。而板橋對他的贊揚則是「人心不死古今然，欲往金陵問菜田。朝魂何處孤臣墓，萬里春風哭杜鵑。」[49]他這種明目張膽的推許明末忠臣，在當時是極爲大膽的。又如〈題屈翁山詩札、石濤石谿八大山人山水小幅、并白丁墨蘭共一卷〉：

> 國破家亡鬢總皤，一囊詩畫作頭陀。橫塗豎抹千千幅，墨點無多淚點多。

在此，板橋對這五位[50]因抗清失敗而出家爲僧的畫家，充滿了同情與崇敬。

如此看來，那麼板橋不滿取明以代之的滿清，可說是其來有自。事實上，我們也可以從其詩歌中找到解答。在〈詠

---

48 見〈種菜歌〉。

49 同註 48。

50 即詩題中的屈翁山、石濤、石谿、八大山人、白丁，其中石濤、八大山人是明王室之後。

史〉第二首是這麼寫的：「天位由來自有真，不需剗削舊松筠。漢家子弟幽囚在，王莽猶非極惡人。」王莽的篡漢，比起屠殺漢人以入主中原的滿人而言，其罪惡可是輕多了！這是他對清的不滿之一。再看〈歷覽三首〉之三：「歷覽前朝史筆殊，英才多少受冤誣」的詩句，雖然寫的是「前朝」，但事實上是譴責滿清的文字獄，這是他對清的另一項不滿。後者尤其使板橋感受深刻，因為清自底定天下後，雖然對漢人極權壓制，但也沒有如初入關時「揚州十日」、「嘉定三屠」那般的大屠殺；倒是「板橋生時目睹文字獄達十二次之多，……在板橋心中塗上深刻的陰影。」[51]而且諸多文字獄中，還有他的朋友在（如杭世駿）。何況他是一個喜歡直抒胸臆，率性為文的人，對於這種動輒得咎的文字獄，不免要憤慨的說：「難道天公，還箝恨口，不許長吁一兩聲」[52]。

但是，我們卻又可以在其另外的詩句中，找到一些「特例」！所謂特例，就是和他的民族意識有所矛盾衝突，而顯現出對清室另一種態度。如「濰縣竹枝詞」的「帝王恩許重聚」、〈還家行〉的「聖恩許歸贖」、〈真州八首，屬和紛紛不辭老醜再疊前韻〉的「衣冠禮樂吾朝盛」；或贊美帝王的恩惠，或崇揚當朝禮樂之盛。最露骨的要算〈將之范縣拜辭紫瓊崖主人〉了，竟然寫道：「我朝開國於今烈，文武成康四聖人」！如此阿諛的文字，真不像出於一貫率性不矯的板橋之手。有人認為這是畏於文字獄之故，或是如「魯迅那

51 趙慧文著，〈鄭板橋詞淺論〉，收於《蘇州大學學報》，1986年一月，頁258。

52 見〈沁園春・恨〉。

種『嗚呼！我說不出話』的憤火到了自熾化的表現」[53]。但是筆者覺得，板橋在詩歌中，雖有許多文字或明或暗的表露出對清室的不滿，但那是針對清人統治漢人極權手段，以及惡吏殘民的不滿；並無含有「反清復明」的思想在內。其原因有三：

（一）因為清立國已數十年，改朝換代時的衝突混亂，已漸歸平靜。

（二）當時正值盛世，康、雍、乾政績昭然，也有許多設想到人民的措施。

（三）封建帝王的傳統思想，在板橋那時還是非常的牢靠。

再看那些贊揚之句，是因真的對人民施有恩德所感發的。所以我們知道，他的滿與不滿是對事不對人。故而他的民族意識，只是表現在對前明及其忠義臣士的弔懷；而不似岳飛那種「壯士飢餐胡虜肉，笑談渴飲匈奴血」[54]的仇恨式之民族意識。

二、仕隱之間

要談板橋的仕與隱，首先就要談他對「功名」的看法。自隋創科舉取士之後，科舉便與功名有密切的關係，所以讀

53 王同書著，〈江山如畫，民不聊生〉，《貴州社會科學月刊》，1986年第6期，頁45。

54 岳飛的〈滿江紅〉詞。

書成了許多人追求功名的工具。板橋對此很反感，他在〈范縣署中寄舍弟墨第四書〉曰：「我輩讀書人……今則不然，一捧書本，便想中舉、中進士、作官，如何攫取金錢、造大房子、置多田產。起手便錯了路頭，後來越做越壞，總沒有箇好結果。」可見，他是很厭惡爲功名而讀書的人。然而，他在〈濰縣署中與舍弟墨第二書〉又說：「夫讀書中舉中進士作官，此是小事」，看得出來，他也並沒有反對讀書可求功名之論。不可否認的，爲官是古代大部分讀書人唯一的，也是最好的出路。但是求功名是爲了要「得志澤加於民」[55]。因此板橋排斥的是爲了私利而讀書求功名；若爲求施一己之抱負而求功名則是無可厚非。

而他自已對追求功名的態度，又是如何呢？大約二十歲前後，他已考中秀才，直到四十歲，才考試中舉，時隔有二十年之久。若說他熱衷功名，似乎說不過去；然隔了二十年，還去參加科舉，表示他也不是完全無視功名。究竟是什麼理由，使他從一個淡泊名利的讀書人，成爲朝廷的一員官吏呢？就分析而得，有以下幾點：

（一）迫於窘困的生活

在本文第二節第三節〈落拓灑脫的板橋生平〉中，知道在中舉以前，他的生活一直都在貧寒中掙扎。即便是要去參加鄉試的盤纏，還得當時縣令汪芳藻的幫助才有。[56]〈除夕

55 此話板橋說於〈范縣署中寄舍弟墨〉。

56 〈板橋行吟圖〉上有題跋云：「汪邑宰芳藻，餘之舊識也。曾於除夕見板橋詩，即大贈金」，收錄於《鄭板橋集》，上海古籍出版社。

前一日上中尊汪夫子〉一詩，即是板橋對汪限令的求救：

> 瑣事貧家日萬端，破裘雖補不禁寒。瓶中白水供先祀，窗外梅花當早餐。
> 結網縱勤河又沍，賣書無主歲偏闌。明年又值掄才會，願向秋風借羽翰。

在教書「蕭騷易惹窮途恨，放蕩深慚學俸錢」[57]；而揚州賣畫則是「寫來竹柏無顏色，賣與東風不合時」[58]的情形下，只好走向科舉之途。

（二）受到友人的激勵

三十二歲時，爲謀改善生活狀況而出遊，三十三歲至北京，三十四歲歸來。除了帶回「日放高論，臧否人物，無所忌諱」[59]而得的狂名外，對於現實生活並無助益。反倒是因結交了一些上層人士，對當時上層社會的黑暗面有所了解，而對仕途感到灰心，如〈燕京雜詩〉寫到：「不燒鉛汞不逃禪，不愛烏紗不要錢」。然而三十五歲時，好友高鳳翰出任歙縣縣令，加上另一熱中科舉的好友李鱓的鼓勵，於是乃發憤讀書，嘗試科舉，期能減輕生活貧困的壓力與施展自己的抱負。

---

57 見〈村塾示賭徒〉。
58 見〈和學使者于殿元枉贈之作〉。
59 見〈鄭板橋集〉的附錄年表，上海古籍出版社。

（三）為施展抱負

板橋有什麼抱負，能使他從「不愛烏紗不要錢」的消極心態，改而為「手把干將渾未試，幾回磨淬大江流」[60]的躍躍欲試呢？最大的抱負，是前文提到的「得志澤加於民」。在他三十二到三十四歲的遊歷，不但使他結交到許多新朋友，使他得到了狂名，更使他看清了許多社會民間的真實情況。就其所見聞，他以同樣身為平民的同情，寫下了〈悍吏〉、〈私刑惡〉這種揭發官吏迫害良民的現實詩歌。在〈悍吏〉中有「長官好善民已愁，況以不善司民牧」之句，想來他是了解到即使長官是位好善清官，但惡吏欺上瞞下，民間的痛苦還是不能免；何況要是昏官，豈不更雪上加霜。若他能為官治民，至少多一位愛民的好官，可以稍稍解百姓於倒懸之中，也算是盡了一份他的心力。

終於他在四十歲時中了舉人，雖是「一枝桂影功名小，十載征途發達遲」[61]，但已邁出了一大步。而後四十四歲赴北京，試禮部，總算皇天不負苦心人，成了乾隆進士。他在〈秋葵石筍圖〉的題畫詩寫道：

> 牡丹富貴號花王，芍藥調和宰相祥。我亦終葵稱進士，相隨丹桂狀元郎。

從他幾首言志的詩，如〈上江南大方伯晏老夫子〉、〈呈

60 見〈上江南大方伯晏老夫子〉詩。
61 見〈得南闈捷音〉詩。

長者〉、〈讀昌黎上宰相書因呈執政〉等來看，他是很想早日一親人民的，但候官多時，卻仍不見用，漸覺失望，甚至是「吹嘘更不勞前輩，從此江南一梗頑」[62]的感到絕望。不過，在乾隆六年三度入京後，認識了愼郡王，並與之成爲莫逆之交。極有可能是愼郡王的關係，次年，他就被任爲山東范縣知縣，終得以爲民解憂，爲民謀福。

只是，我們也可以想像這樣生性耿直，又一心爲民的好官，必定會與那些徇私苟且，勾結權貴，利用特權的貪官污吏仕紳豪富格格不入。果然，乾隆十八年，以請賑忤大吏罷官[63]。所謂「十年蓋破黃綢被，盡歷遍、官滋味」[64]歷經十二年「潦倒山東七品官」[65]之後，他又從一位爲民勞心勞力的循吏，再度成爲平民，過著無官一身輕的日子。

爲官之前的「隱」，是讀書人的淡泊名利；而後的「仕」，是讀書人的生活理想與抱負；之後的「隱」，則是讀書人歷經冷暖黑暗下的不如歸去。無論是隱或仕，板橋自始至終都是一個讀書人。但他的詩歌則隨著人生的歷練呈現不同的風貌，大略來說，仕之前是自嘆貧困之作居多；仕之時，多憤慨激昂之作；仕之後，其作漸由無奈而趨於平淡。

三、為官理念

從乾隆七年到乾隆十八年，即板橋五十歲至六十一歲，

62 見〈送都轉運盧公〉詩。
63 同註 17。
64 見〈青玉案・宦況〉。
65 同註 16。

這段期間，是他的爲官時期。先是當了六年的范縣縣令，又當了六年的濰縣縣令。從以下幾則話中，不難看出他爲何有循吏之名。

〈清吏列傳〉—— 鄭燮傳：居官，則又曲盡情偽，饜塞眾望。[66]

〈揚州府志〉：官東省先後十二年，無留牘，無冤民。[67]

〈鄭燮小傳〉：既得官，慈惠簡易，與民休息，人亦習而安之。[68]

他真的一如當初懷抱的志向，竭進心力的爲民服務。但一位好官，不應只是對下有惠，對上亦需有節。所以我們分成對上對下兩部分，來說明他的爲官態度。

（一）對　上

前文曾提到，他對清室作爲有若干不滿，但一旦身爲朝臣，他也頗知爲人臣應盡的責任。對於朝政，他在〈立朝〉一詩中提到：「立朝何必無纖過，要在聞而改之」，亦即朝廷就如人一般，誰能無過呢？有些小過是不可避免的，但重要的是要聞過即改。至於這過如何聞於上，當然是爲人臣子要直而能諫，不可曲承奉諛，只言善而不說惡。

---

66 見仁壽本《清史》，藝術三，列傳二百八十九，（台北：成文出版社，1971）。

67 見《重修揚州府志》卷四十八。

68 【清】李恆輯錄，《國朝耆獻類徵》初編，卷二百三十三，【清】鄭方坤著，〈鄭燮〉，（臺北：文海出版社），1968 年。

至於〈君臣〉一詩，則談到了爲人臣子本就該克盡職守，負責認真；而不是等到君主已怒，才急急去真正做點事：

> 君是天公辦事人，吾曹臣下二三臣；兢兢奉若穹蒼意，莫待雷霆始認真。

此詩還含有二個值得注意的地方：

1.他說「君是天公辦事人」，又說爲人臣要「兢兢奉若穹蒼意」，雖不脫帝王天子的傳統觀念，但他還說到「辦事人」，可見天子是天所指派爲民做事的人；而不是用來享受的人。

2.他說「吾曹臣下二三臣」，「莫待雷霆始認真」，表示了他對一些官員怠忽職務的不滿。自古以來，敷衍了事的官吏總佔多數，真正努力做事的官吏與之比起來是差了許多。若云君主是替天辦事者，而臣下既是爲君主辦事，亦是爲天辦事，所以對天對人對自己，臣下都要秉著良心，認真盡忠於職守。

雖然他這種觀念較國父所說，公務員是人民的公僕而言，是沒有那麼進步。可是，在當時延續了兩千多年，含有許多陳腐惡習的君主封建裏，板橋能有這樣的想法，也算是頗有見地。

（二）對　下

在他爲民服務的宗旨下，又有那些措施呢？可分成三點來說。

1.無爲而治：鄭方坤在〈鄭燮小傳〉中提到：「板橋以一書生，欲清淨無爲」[69]。所謂無爲而治，並不是什麼都不過問；事實上，他是非常關心民情，在〈范縣〉詩中，他說：「尙有隱幽難盡燭，何曾頑梗竟能馴！縣門一尺情猶隔，況是君門格紫宸。」因此，他「芒鞋問俗入林深」[70]，深怕稍有不辨曲折，便要「慚愧村愚百姓心」[71]了。可是他以前就看不慣那些「吏擾何其極」[72]的作風，故而，在深察民瘼方面，雖是非常仔細殷勤；但他也盡量做到不擾民，儘管「布襪青鞋爲長吏」，但常常「隴上閑眠看耦耕」[73]。加上范縣雖僻小，但卻是「日高猶臥，夜戶長開，年豐日永」[74]，所以「訟簡刑輕，有臥而理之之妙」[75]。〈破屋〉一詩即描寫衙門清冷的情形：

> 廨破牆仍缺，鄰雞喔喔來。庭花開扁豆，門子臥秋苔。
> 畫鼓斜陽冷，虛廊落葉迴。掃階緣宴客，翻惹燕鴉猜。

即使到了濰縣，他仍是「老夫衙署冷於冰」。[76]不過，這只是沒事的時候，要盡量與民休息；一旦人民有需要他之處，自是要爲民盡一己之力，因爲他真正是一位「愛民如子」

69 同註 68。
70 見〈喝道〉詩。
71 同註 70。
72 見〈范縣詩〉。
73 以上二處，見〈范縣呈姚太守〉詩。
74 見〈止足〉詩。
75 見題畫〈石〉。
76 見〈署中無紙書狀尾數十與佛上人〉詩。

的人。[77]

2.愛民護弱：由以下幾件記載，可以知道板橋的愛民護弱：

> 〈淮安舟中寄舍弟墨〉：中數千金，隨手散盡，愛人故也。
>
> 〈興化縣志〉：調濰縣，歲荒，人相食。燮開倉賑貨，或阻之。燮曰：「此何時？俟輾轉申報，民無孑遺矣。有譴我任之。」發穀若干石，令民縣領券借給，活萬餘人。上憲嘉其能。秋又歉，捐廉代輸。去之日，悉取券焚之。濰人戴德，為立祠。[78]

又如〈范縣署中寄舍弟墨〉家書，他在信中，囑咐堂弟墨「汝持俸錢南歸，可挨家比戶，逐一散給」，「無父無母孤兒，村中人最能欺負，宜訪求而慰問之」。

他一生中總是貧窮的時候多，但一有餘力，便持以助人。甚至還注意到無父無母的孤兒，最易受到欺負，特別要訪求而慰問之。所以他愛民助人不是盲目的，隨興的，而是要幫助最需要幫助之人。故而因災荒造成民不聊生之時，便不顧一切，連上面會怪罪下來亦無所畏，只求能快快解救災民。一句「有譴我任之」，就足以證明板橋那種不懼後果，只為人民的精神了。

在他詩歌裏，也有很多顯示出他愛民護弱的精神。最具

77 見咸豐元年重修〈興化縣志〉，卷八。
78 同註 77。

代表的，可算是題畫詩〈濰縣署中畫竹呈年伯包大中丞括〉：

> 衙齋臥聽蕭蕭竹，疑是民間疾苦聲；此小吾曹州縣吏，一枝一葉總關情。

唯有對人民的關心，才會連蕭蕭竹聲都以爲是人民苦痛所發出的哀嘆求救聲。而由具有愛民之心的人所畫的竹子，連一枝一葉也充滿了對人民關懷之情呢！而〈和高相公給賑山東道中喜雨并五日自壽之作〉詩中有「多謝西南雲一片，頓教霖雨偏耕桑」之句，是說「板橋在放賑道上遇雨，很感謝天公。因爲有了『霖雨』，百姓才能『耕桑』；可知他愛民之深了。」[79]尤其對貧弱者，板橋更是熱心予以幫助，因爲他早年飽經窮困，深知箇中的苦楚，因此，爲官之後，「特別體恤窮人，救濟清寒。」[80]

在〈濰縣寄舍弟墨第三書〉他說：「每見貧家之子，寡婦之兒，求十數錢，買川連紙釘倣字簿，而十日不得者。當察其故而無意中與之。」更表示他對人民的同情還帶有人道的尊嚴，希望在幫助他人之時，不會傷其自尊心，此種情操哪是那些以善揚名的人所能比擬者！

除了孤苦無依者外，他也注意到那些被剝削的農民小販，如〈濰縣竹枝詞〉其中有：

---

79 王建生著，〈鄭板橋生平考釋〉，《東海學報》十七卷（1976），頁 88。

80 介庵著，〈記詩、書、畫三絕的鄭板橋〉，《中國文選》107 期（1969），頁 184。

> 繞部良田萬頃賒，大多歸併富豪家。可憐北海窮荒地，半簍鹽挑又被拏。

以及：

> 行鹽原是靠商人，其奈商人又赤貧？私賣怕官官賣絕，海邊餓灶化冤燐。

而〈濰縣永禁煙行經紀碑文〉所載：「如有再敢妄充私牙與稟求作經紀者，執碑文鳴官重責重罰不貸！」即是維護小商小販不被剝削的措施。甚至連訟事亦「右窶子而左富商」，因為跟官吏比起來，百姓是弱者；而貧寒又為百姓之弱者。

他既愛民護弱，當然希望百姓能生活安樂，如此才能民安且均。因之他有一套治民的標準，即〈署中示舍弟墨〉中的「何養何教？通性達情。何興何廢？務實辭名。」，同時他自己不但要勤於探求民隱，還要「執法況青天」[81]，才能曲盡情偽，幫助真正需要幫助的人。甚至作於罷官三年後的〈再和盧雅雨四首〉[82]中還寫著：「生死同民命，崎嶇犯世嫌」，所以他的愛民並不是為官時方有，而實是出於真心。

3.重農輕商：板橋自幼生長於農鄉，在范縣時又常芒鞋問俗，深入農村，對農民生活非常了解。他認為「天地間第

---

81 見〈贈高郵傅明府并示王君廷簡〉詩。

82 同註 81。

一等人，只有農夫」，因爲農夫是「苦其身，勤其力，耕種收穫，以養天下之人。使天下無農夫，舉世皆餓死矣。」所以他「平生最重農夫」。[83]在〈濰縣寄舍弟墨第三書〉中他還據前人詩歌改爲五言絕句四首，描寫著農民的辛酸：

> 二月賣新絲，五月糶新穀；醫得眼前瘡，剜卻心頭肉。
> 耘苗日正午，汗滴禾下土；誰知盤中飧，粒粒皆辛苦。
> 昨日入城市，歸來淚滿巾；遍身羅綺者，不是養蠶人。
> 九九八十一，窮漢受罪畢；纔得放腳眠，蚊蟲獦蚤出。

因爲在當日，封建地主大量的兼併、掠奪土地，使得許多農民成爲受壓榨的佃農，如〈濰縣竹枝詞〉之三十四中提到「掃來草種三升半，欲納官租賣雨誰？」所以他在〈范縣署中寄舍弟墨第四書〉中告誡堂弟墨：「于兄弟二人，各得百畝足矣……若再多求，便是佔人產業，莫大罪過。天下無田無業者多矣，我獨何人，貪求無厭，窮民將何所措足乎！」自然一向同情弱者的板橋，要「右窶子而左富商」了。據法坤宏的〈書事〉[84]記載：「監生以事上謁，輒庭見，據案大罵：『馱錢驢有何陳乞，此豈不足君所乎！命早卒脫其帽，足蹋之，或捽頭鯨面驅之出。』」而他對農民更是「待之以禮」，「禮貌他」，「憐憫他」。[85]

其實，他還有很多詩歌談及農民農事，如〈范縣詩〉中

---

83 以上三處見〈范縣署中寄舍弟墨第四書〉。
84 同註 26。
85 同註 83。

的「田無埂隴，畝無侵軼」；〈真州雜詩八首併左右江縣〉的「何限農家辛苦事，漸看兒女滿町畦」；〈真州八首和紛紛皆可喜不辭老醜再疊前韻〉的「最老是老農閒不住，牆邊屋腳非爲畦」等等。他既尊重、同情農民，又對農村生活如此熟悉，莫怪在〈范縣署中寄舍弟墨第四書〉裡，他要說：「而今而後，堪爲農夫以沒世矣！」

板橋如此盡心盡力做他的七品官，得來了循吏之名。但也有人持不同的看法，如鄭方坤在〈鄭燮小傳〉中說「於州縣一席，實不相宜」，又如〈書事〉云：「施於有政，有所不足」。其實，這都是因爲他太愛人民，但也往往失之於太過偏頗的同情心。從以上所探討的板橋政治觀中，得到一個結果，即在他心中佔最大份量的就是人民。所以不論是談到有關民族意識或仕隱之間的詩歌，人民始終是有一定的影響力。同時，因爲他的爲官，看遍了那麼多黑暗，遭遇了那麼多挫折，才會有那些充滿人道主義和博愛精神的社會寫實力作；而他的辭官，使他有更多的精力，去從事文藝創作，使得詩、書、畫的藝術，都更上層樓。

第三節　不隨流派的文學觀

文學思想影響文人作品的走向與特色，因此要探討板橋的詩歌之所以爲板橋詩歌，首先就得了解他的創作理念爲何。板橋本不是一個照著計劃走的「規矩人」，也無意去創造出一套有系統的文學理論。不過，在其作品中，不難發現一些對文學的看法，以下採集其有關文學理念的詩歌，及其他的文字敘述，來說明板橋的文學觀。同時也將歸納出的理論，再回到其詩歌的本身，做一個印證。

板橋的文學觀，最大的特色乃在於不隨流派。因為在門戶派別為潮流的當時，諸文人學者，非從彼便依此。但仍有少數跳脫圈限，自抒已見者，板橋便是這些少數之一。他身處於「神韻」、「聲調」、「格調」、「肌理」、「性靈」諸派各執一時一方中，雖然難免或多或少受到影響牽染，但他卻能獨立於諸說之上，一如其人，有自我的想法，也有自己的作法。而在這個「不隨流派」的大原則下，又可分成四部分來談。

一、實用文學與寫實精神

在第一節中提到，板橋是個深具儒家思想的人，且對杜甫、韓愈為欽佩[86]，而他的文學觀也自然受到他們的影響。周勛初在《中國文學批評小史》中說到：「孔子首先注意的是文學的社會作用。」[87]他根據在〈論語・陽貨篇〉裏，孔子所說的「詩可以興，可以觀，可以群，可以怨；邇之事父，

---

86 板橋對杜甫的推崇，可參考本文第一章第三節〈詩歌的奠基淵源〉(三) 杜甫；對韓愈的贊揚，如〈焦山別峰庵雨中無事寄舍弟墨〉中有言：「六經之下有左、史、莊、騷、賈、董策略、諸葛表章，韓文杜詩而已，只此數書……終身受用不盡。」又「欲知韓文杜詩膾炙人口，豈可得哉！」等。

87 周勛初著，《中國文學批評小史》，第三章〈儒家在文學理論上貢獻〉，（臺北：嵩高書社，1985），頁 14、15。

遠之事君；多識於鳥獸草木之名」，認爲「孔子把詩歌作爲從政和教育的工具，通過對作品的鑽研，考察詩歌的政治作用，看到了文學的社會價值。」[88]至於杜詩的偉大，乃在於以文學真實的反映了現實社會的生活。而韓愈更是「以文載道」的提倡者。所以板橋自然也是中國「宗經徵聖」的傳統學術思想之擁護者。此外，明末清初懷抱亡國之痛的三大學者－黃宗羲、顧炎武、王夫之，從探討明代政治文教的得失中，得到的結論是一要重視文學的社會作用，亦即強調「經世致用」之學，對當時學風起了一定的轉變效用。因此，從淵源及時代背景來說，板橋「實用文學」的主張是其來有自。

他在〈與江寬谷、江禹九書〉中提到：「文章有大乘法，有小乘法。大乘法易而有功，小乘法勞而無謂。」所謂大乘法之文，乃是要能「理明詞暢，以達天地萬物之情，國家得失興廢之故」；也就是能「敷陳帝王之事業，歌詠百姓之勤苦，剖晰聖賢之精義，描摹英傑之風猷」[89]者，才是「與予聖賢天地之心，萬物生民之命」的本色文章。他的詩歌，也多有反映這種「實用文學」觀念的作品，最具代表的如〈偶然作〉詩中：

> 英雄何必讀書史，直攄血性為文章；不仙不佛不聖賢，筆墨之外有主張，縱橫議論析時事，如醫療疾進藥方。

---

88 同註 87。

89 見〈濰縣署中與舍弟第五書〉。

可以知道，他心中的好文章、真文章，乃是要由自己的「個性、氣質、感情」[90]暢快淋漓的直接發抒而出。在內容方面，能反映社稷民生的生活及問題；同時，要如療疾的藥方，可以針對時弊，從而使其得到重視，而終可以獲得解決。

因此，他推崇憂國憂民的杜詩。對於同為唐代詩人的王維，以及元的畫家文人趙子昂，則說：「若王摩詰、趙子昂輩，不過唐宋兩畫師耳！試看其平生詩文，可曾一句道著民間痛癢？」[91]至於對自己的詩作，在其〈後刻詩序〉中有言：「古人以文章經世，吾輩所為，風月花酒而已。逐光景，慕顏色，嗟窮困，傷老大，雖刨形去皮，搜精抉髓，不過一騷壇詞客爾，何與於社稷生民之計，三百篇之旨哉！」可見他亦是以相同的「實用文學」標準來衡量自己的詩歌。只是，他也未免太過謙遜了，因為在《鄭板橋集》三百多首詩歌中，不難發現許多反映現實之作，試看本文第三章第一節「直追杜甫的社會詩」，如〈逃荒行〉、〈還家行〉、〈孤兒行〉、〈私刑惡〉、〈悍吏〉等，不正是對當時天災人禍的描述與指陳嗎？而在這些文字中，流露的是真性情的仁人之心。如在〈私刑惡〉一詩的前言裡，他說：

> 自魏忠賢考掠群賢，淫刑百出，其遺毒猶在人間。胥吏以慘掠取錢，官長或不知也。仁人君子，有至痛焉。

---

90 根據王英志的「鄭板橋“直攄血性為文章”說與〈沁園春・恨〉一文對“血性”的解釋，見《徐州師範學院學報》，西元一九八八年，頁235。

91 同註 89。

至於〈項羽〉、〈羅隱〉、〈種菜歌〉等等，不就是描摹了英雄豪傑士的風範事蹟嗎？試看〈鉅鹿之戰〉中，「項王何必爲天子，只此快戰千古無」二句，雖然不是對項羽形態之描述，但他一代霸王的氣勢，卻不言可知。至於絕句二十一首，更是板橋刻劃他心目中俊士諸才的力作，如其中之〈金司農〉：

> 九尺珊瑚照乘珠，紫髯碧眼聚商胡；銀河若問支機石，還讓中原老匹夫。

讀詩之餘，金農那滿臉鬍子，有著深藍眼珠的矮胖身影，伴著橫溢的才華，不拘俗世的奇狂，鮮活的出現在腦中。

而關於「敷陳帝王之事業」，可能是板橋對於清的政權統治，頗有微詞，所以也就少有此類詩歌，不過還是可以從如〈思歸行〉中「帝心軫念之，佈德回穹蒼。東轉遼海粟，西截湘漢糧；雲帆下天津，艨艟竭太倉。金錢數百萬，便宜爲賑方。」的句中，可看到當年乾隆皇，對於百姓民生也是有所關心的。而「剖晰聖賢之精義」，大多零散於各詩中。不過在其家書中，倒是談到許多聖賢之理。

但，板橋詩歌中最具實用文學價值者，還是歌詠百姓勤苦之作。除了前文提到一些敘述天災人禍的社會詩外，尚有一些描繪當時社會風俗民情的詩歌，如〈范縣詩〉之二：

> 桑下有梯，桑上有女；不見其人，葉紛如雨。小妹提

籠，小弟趨風；掇彼桑葚，青澀未紅。既養我蠶，無市我繭；樞軸在堂，絲絮在撚。暖老憐童，秋風裁翦。

所呈現的是一幅充滿生活情趣的植桑養蠶圖。又如〈濰縣竹枝詞〉之二：

鬥雞走狗自年年，只愛風流不愛錢。博進已賒三十萬，青樓猶伴美人眠。

反映出當地富豪權貴，在濰縣繁華的表面下，過的是奢侈靡爛的生活。

而這些詩歌之所以具有實用文學作用，乃是在透過對真實現象的寫實描述，使人了解到民間生活的喜怒哀樂；尤其是對民間疾苦的發掘，往往總是出於真心關懷，而不只是文字上的編寫而已。

黃景進在〈中國詩中的寫實精神〉一文中說：

所謂『寫實』，是指忠實的反映客觀世界，特點是一、在態度上要收斂感情，客觀的反映現實；二、對象為平凡的人與事物，或社會上眾人共見的現象；三、表達的時候要詳盡。[92]

我國文學從詩經、漢魏詩中，即具有寫實精神，內容多

92 黃景進著，〈中國詩中的寫實精神〉，《中國詩歌研究》，（臺北：中央文物供應社，1985），頁 307、308。

反映現實社會的各種生活層面，如詩經國風、漢魏的古詩十九首；到了唐代，杜詩那些描述社會問題的寫實詩，如〈三吏〉、〈三別〉，即便是將主角換成自己，也能予以客觀冷靜的忠實紀錄。到了元稹、白居易，更是有意識的從事社會現實詩歌之創作，但有時不免過於主觀的批評。而宋人那些理性批判的詩，也具有現實主義的傾向。由此可知，寫實精神乃是自詩經開始便脈脈相傳，代代發展至今。

板橋那些具有實用功能的詩歌，也多是社會寫實之作。他在〈姑惡〉一詩的前言云：「古詩云：『姑惡，姑惡，姑不惡，妾命薄。』可謂忠厚之至，得三百篇遺意矣！然爲姑者，豈有悛悔哉？因復作一篇，極形其狀，以爲激勸焉。」所謂「極形其狀」，即是真實詳盡的描寫。這位「鳩盤老形貌，努目真兇屠」的惡姑，對待年方十二，「未知伉儷情」的小婦，是「今日肆詈辱，明日鞭撻俱。五日無完衣，十日無完膚。」板橋並沒有在詩中說此惡姑是如何的不對，應如何改進，只是真實的描述了他兇醜惡狠的模樣，甚至以對白的方式，來襯托出此姑之惡。然而我們卻可以感覺到他對那位小婦的悲慘遭遇痛心的不平之鳴，而希望爲人「姑者」，能以此爲鑑，有所反省！又如〈范縣詩〉之九：

驢騾馬牛羊，匯費斯為集；或用二五八，或以一四七。
長吏出收租，借問民苦疾；老人不識官，扶杖拜且泣。
官差分所應，吏擾竟何極；最畏硃標籤，請君慎點筆。
貪者三其租，廉者五其息。即此悟官箴，恬退亦多得。

若不是深入民間，怎能細數市集上的獸類？又怎能明白寫出山東農村每旬有以二五八爲市，有以一四七爲市呢？就因深入民間，故能詳實描寫當時農村之人事。尤其是記載他下鄉探求民瘼的情形，彷彿可以看到一位純樸的老人，畏懼擾民官吏的模樣與心情。另外〈逃荒行〉、〈還家行〉等，更是非常生動的以文字畫出一幅災民流離圖。

就因爲是寫實精神下的詩歌，所以讀來人真事真情亦真，而由此所獲得的反映現實作用，也就更爲深刻明白了，也更容易使人讀後省思不已而具有教化功能。

二、反對缺乏真氣的擬古

梁啓超曾說：「清代思想果何物耶？簡單言之，則對於宋明理學之一大反動，而以復古爲真其職志者也。」[93]所以清代文學亦是一片復古風。尤其清詩，雖門派各立，但大抵非尊唐，便宗宋，總是無法擺脫擬古模仿的風氣。板橋對此深不以爲然。在他一枚「鄭爲東道主」的印章中，可以看得出來他是位要做自己主人的個人主義者。在〈與杭世駿書〉中，他說：「君由鴻博，地處清華，當如歐陽永叔在翰苑時，一洗文章浮靡積習，愼勿因循苟且，隨聲附和，以投所好也。」對朋友是如此的勸勉，他自己更是不欲「爲古人束縛而略無張主」。[94]於其〈贈潘桐岡〉詩中，更直言：

---

93 梁啓超著，《清代學術概論》，（臺北：台灣商務印書館，1985），頁 6。

94 見〈范縣署中與舍弟第三書〉。

「作文必欲法前古，婢學夫人徒自苦」

因爲「有古人的榜樣横亙胸中，難免養成把古人成句生吞活剝，死搬硬套的習慣。」[95]不但喪失了自我本色，而且還容易綁手綁腳。

其實，擬古模仿也不是一定不可，反而有時是避免不了。因爲初學詩者，常從吟誦欣賞古人之詩開始，再以之爲依歸來習作，便不免要受到有意無意間的影響。但，若是模擬中更出新意，那反倒是另一種創新；只是，大多數人總抓住古人的皮毛不放，不知道詩歌的血肉是要經由己心己意己情而發，才是屬於有自我特色的創作。一味「追隨」的後果，往往不是變成形似神不似的「複製品」，便是成了截東攔西的「拼湊圖」。所謂「小儒之文何所長，抄經摘史餖飣強；玩其詞華頗赫爍，尋其義味無毫芒。」[96]所以板橋反對的，是那些「扯東補西，拖張意拽李，皆拾古人之唾餘，不能實串」[97]，缺乏真氣的擬古模仿之作。

而他自己的作品呢？在〈贈國子學正侯嘉璠弟〉一詩中，他說：「大哉侯生詩，直達其肺腑；不爲古所累，氣與意相輔」。這本是對侯嘉璠的贊美，事實上，也正可以用來形容板橋的詩歌。如〈七歌〉，杜甫有〈寓居同谷縣作歌七首〉，

95 周玉津著，《詩的作法與欣賞》，（臺南：大夏出版社，1992），頁175。
96 見〈偶然作〉詩。
97 同註 4。

自述遭遇，簡稱〈七歌〉。板橋套用了杜甫〈七歌〉的結構，七首皆是首二句點出主題，中四句敘述事實，末二句則發爲感嘆，記敘了自己三十歲以前的生活經歷。形式一樣，文字也有類似之處，這表示他也有模擬古人之作，但板橋的〈七歌〉中，寫的是自己的親人，自己的坎坷，自己的悲懷，而且是真人真事，加上流露出的感情是那麼真摯動人，可謂不讓杜甫的〈七歌〉，自然別人不會笑他邯鄲學步。又如〈竹枝詞〉，乃是劉禹錫所創，後來詩人亦多所仿作，大部分是歌詠鄉土風俗及男女戀情。但板橋的〈濰縣竹枝詞〉，在描寫風土之外，還深入揭發、諷諭了當地社會的真相，賦予〈竹枝詞〉更深刻的內涵。

三、效法前賢有所取捨

板橋雖然反對那些拘泥於古人的模擬，但是歷代文學累積的菁華，卻也是文人學習的寶庫。況寫學習之初，總是需要導著前人的步伐，以求進入文學之途。板橋也自言：「詩學三人，老瞞與焉，少陵爲後，姬旦爲先。」[98]爲何是此三人，而不是別人呢？可見他取法前賢是有所選擇的。即便是讀書，也是「當忘者不容不忘，不當忘者不容不不忘耳。」[99]亦即「讀書要有特識，依樣葫蘆，無有是處。」[100]

取法的前賢要選擇，對於前賢的取法，也不是照單全收。

98　見〈署中示舍弟墨〉詩。
99　見〈四子書真蹟序〉。
100 同註 94。

在他的題畫詩〈蘭〉中有言：

「十分學七要拋三，各有靈苗各自探」

試看他在〈靳秋田索畫〉中說：「鄭所南，陳古白兩善畫蘭竹，燮亦未嘗學之。徐文長、高且園兩不甚畫蘭竹，而燮時時學之弗輟。蓋師其意不在跡象間也。」所以他取法的，乃是內涵而非形式。再回過頭來看板橋的詩，也是如此，他學詩經，但他是學如〈七月〉、〈東山〉、〈豳風〉那種「描摹瑣細民情妙」[101]的現實主義精神；尤其表現在板橋那些社會寫實詩歌，更為明顯。如〈海陵劉烈婦歌〉詩的小序云：「烈婦夫武舉，從左良玉陣亡，無後。婦誓奉公姑，待其終年，既自縊死，州人哀之，稱為劉烈婦云。」，故之詩中所述，乃發生於社會上的真人真事。又如〈揚州〉詩之一：

畫舫乘春破曉煙，滿城絲管拂榆錢。千家養女先教曲，十里栽花算種田。雨過隋提原不濕，風吹紅袖欲登仙。詞人久已傷頭白，酒暖香溫倍悄然。

全詩共四首，只有一一二個字，卻已把揚州代表性的風景山水、歷史地理、繁奢勢利呈現了出來。

而他學曹操，乃取其勃勃有英氣的蒼勁[102]。如〈行路難〉詩：「關山老鳥怯馳驅，幼僕而今作壯夫。萬里功名何處是，

101 見〈賀新郎・述詩二首〉。
102 參看本文第一章第三節「板橋詩的奠基淵源」（二）曹操。

猶將青鏡看髭鬚。」和曹操〈卻東西門行〉的「戎馬不解鞍，鎧甲不離傍。冉冉老將至，何時返故鄉。」，二詩所表現出的沈痛，不是頗爲類似嗎？又如〈題畫竹六十七則〉中一則：

> 七十老人寫竹石，石更崚嶒竹更直。乃知此老筆非凡，挺挺千尋之壁立。（見補遺，收錄自常州何乃揚藏墨跡）

所表現出來的氣慨，真不輸曹操的〈步出夏門行〉詩：「老驥伏櫪，志在千里，烈士暮年，壯心不已。……」

他學杜甫，乃效其「歷陳時事，寓諫諍」的精神，以及沈雄之氣。板橋的〈悍吏〉描寫官吏欺凌貧民是「悍吏貪勒爲刁奸。索逋洶洶虎而翼，叫呼楚撻無寧刻。」就如杜甫〈自京赴奉先縣詠懷〉詩中的：「彤庭所分帛，本自寒女出。鞭撻其夫家，聚斂貢城闕。」而他對杜甫各體的詩歌中，又更鍾情七古，他說：「少陵七律、五律、七古、五古、排律皆絕妙……板橋無不細讀，而尤愛七古，蓋性之所嗜，偏重於此。」[103]因爲杜甫七古如〈哀王孫〉、〈兵車行〉、〈洗兵馬〉等等，都是具有沉鬱雄渾風格的現實之作。而板橋也有類似的作品，如〈逃荒行〉、〈還家行〉等詩。

他是如此有原則標準的去取法前賢，以至於當他覺得自己有不當之取捨時，便也不免自我批評一翻了。〈前刻詩序〉裏就說：「余詩格卑卑，七律尤多放翁氣。」乃是對自己詩

---

103 見〈板橋自序〉。

中有似陸游詩歌的輕滑之氣而發的，可見他是很有概念的取法前賢。

四、追求創新自成一家

前三項有關板橋的文學觀，不論是基於贊同或反對的立場，都與前人有關。而他之所以能在清詩眾多門派中，傲然獨立，乃在於他「怒不同人之意」[104]的性格。在〈隨筆詩草、花間堂詩草跋〉中，他贊美慎郡王「詩則自寫性情，不拘一格，有何古人，何況今人！」所以他認爲詩要自寫性情，無古無今，即是佳者。本來「一人有一人的面目，一人有一人的性情，既使向古來先哲學習，只可學他的精神，也不可完全拋棄自己的性情。」[105]況且，從〈板橋自敘〉中，他說「讀書能自刻苦，自憤激，自豎立，不苟同俗……板橋詩文，自出己意」的這段話，可以知道他是一位非常注重自我表現的人。

所以他追求的創新，是超出各派別之上，而展現出屬於自己的風貌。在題畫詩〈籬竹〉中，他說：「求人不如求己」，只要「自出眼，自豎脊骨可爾」[106]，也就是要「自樹其幟」[107]。其實，當時許多詩派諸論，也不是一無可取，然而王夫之在〈姜齋詩話〉卷二說：「才立一門戶，則但有其格局，更無

104 此語見於〈劉柳邨冊子〉（殘本）。
105 同註 10，頁 213。
106 同註 9。
107 見〈與江賓谷、江禹九書〉。

性情，更無興會，更無思致，自縛縛人，誰爲之解者？」[108]，這對於「直攄血性爲文章」（〈偶然作〉的板橋，不但是一種滯礙，也是爲他所不喜不願的。我們看他的詩文，不但超出諸派之外，亦不願「聽氣候於商人者也」[109]，他自有一套原則，任何派別、任何人是不能左右的。他心有所感，便有所言，因之可以在文網嚴密的當時，寫下〈歷覽三首〉中「英才多少受冤誣！一人著述千人改，百日辛勤一日塗」的句子；也可以不管含蓄蘊藉，以悲淒斷腸之情寫下〈哭犉兒〉一詩；或有「我已無家不願歸」[110]的消沉；也有「來年看我掀天力」[111]的振奮；或如「我又無兒子」[112]的白話詩句；或如「雨過天全嫩」[113]的清新詩句；……真的是「詩取道性情，務如其意之所欲出」[114]，他這種「自裁本份留深色」[115]的風格，難怪《墨林今話》中要稱他是：「詩詞書畫皆曠世獨立，自成一家了。」[116]

綜合以上所談，可以看出他作詩的態度是嚴謹的，除了要有讀精書的基礎外，在學習上則是取其當取，法其應法外；

---

108 收於丁福保編，《清詩話》，明倫出版社。
109 同註 108。
110 見〈韜光庵〉詩。
111 見補遺〈題畫竹六十七則〉，收錄自常州何乃揚藏墨跡。
112 見〈懷舍弟墨〉詩。
113 同註 11。
114 【清】李恆輯錄《國朝耆獻類徵》初編，卷二百三十三，【清】鄭方坤著，〈鄭燮〉，（臺北：文海出版社，1968）。
115 同註 16。
116 見【清】蔣寶齡著，《墨林今話》，（臺北：學海出版社，1993），卷一。

內容上要「理必歸於聖賢，文必切於日用」[117]在表現上，卻是可以如「抽思雲影外，造語石骨裡」[118]那般的自由發揮。但也不勉強而作，在〈贈胡天游弟〉詩中，他談到：「作文勉強爲，荊棘塞喉齒。」所以他興來即寫，發而乃作，即所謂「乃興勃發處，煙雲拂滿紙」。同時他還注意到詩的命題，〈范縣署中與舍弟第五書〉中，一開頭就寫到：

> 作詩非難，命題為難。題高則詩高，題矮則詩矮，不可不慎也。

以如此的態度，再加上以上述的觀念作詩，難怪鄭方坤在《國朝耆獻類徵初編》卷兩百三十三的〈鄭燮小傳〉中說：「其詩流露靈府，蕩滌埃壒，視世間無結轖不可解之事，即無梗咽不可道之詞。空山雨雪，高人獨立；秋林煙散，石古自青，差足肖之。」真是道出了板橋詩歌的特色。

117 見〈板橋自敘〉。
118 見〈贈胡天游弟〉詩。

第五章　鄭板橋詩歌評論

一位藝術家創作的好壞，很難有一個公允的評斷。因為藝術本身就帶有濃厚的個人性和主觀性；而評斷的本身更是因見仁見智的不同而有所差異。但是，時間倒是其中較為可信的評斷依據。劉勰在《文心雕龍》中說：「時運交移，質文代變」[1]，就是說文學的演變發展，會受到時代環境的影響，這對文學的評論來說，其理亦同。所以，每一時代有每一時代的標準。若是在禁得起各種階段的各種標準之後，還能不被遺忘、淘汰，這就表示藝術創作的被承認、被接受不只是在特定某一點、某一時才成立；也就是說它佔有的一席之地，其範圍愈廣，影響力也就越大，所顯示出的客觀性也因支持人數的增加而增加。就像陶淵明的詩，鍾嶸的《詩品》將他列為中品，將陸機、潘岳的詩等列於上品。但時間證明，陶淵明的地位、評價卻遠在陸、潘二人之上，不過，所謂時間的證明，是要經過一段相當的過程。板橋距今二百多年，只經歷清與民國兩期，雖不知以後對其詩歌有什麼樣的評價，然而在此，筆者將這兩朝對其詩歌的看法，舉出比較具代表性者，希望從中找出比較公允客觀的評價。

1 劉勰著，《文心雕龍》「時序篇」。

第一節　清人之説

在《清詩紀事》[2]一書中，收錄了許多對板橋的評論。其中法式善在《培門詩話》中說：「興化鄭板橋燮跌宕不羈，……生平以『三絕』自許，世人譽之者半，毀之者半。」這段話除了是對板橋的評語之外，也說明了清人對板橋詩歌評論的情形。因爲清人對板橋的評論中，往往可以明顯看到褒、抑不同的兩種態度。因此就以這兩種態度，分爲兩個部分來討論清人對板橋的褒貶各在哪些方面，以及爲何他們會有如此的看法。

一、譽之者半

清對板橋詩的讚賞，多集中在詩歌所表達的內容情感真摯動人，如鄭方坤在〈鄭燮小傳〉中曰：

> 然其詩流露靈府，蕩滌埃壒，視世間無結轖不可解之事，即無哽咽不可道之詞。空山雨雲，高人獨立，秋林煙散，石骨自青，差足肖之。[3]

2 錢仲廉主編，《清詩紀事》，（江蘇：江蘇古籍出版社，1986），「乾隆朝卷」。

3 【清】李恆輯錄《國朝耆獻類徵》初編，卷二百三十三，【清】鄭方坤著，〈鄭燮〉，（臺北：文海出版社 1968）。

計發在《漁計軒詩話》中也有類似的評語，他說「鄭板橋燮……詩則出自靈竅，可以蕩滌塵坌。」[4]他們都覺得板橋詩歌動人之處，即在真性情的流露。這是因為板橋的「詩取道性情，務如其意之所欲出」[5]也就是說，他的詩完全表現出他的個性、情緒、想法。本來，此無特殊之處，劉勰在《文心雕龍》就說：「努納英華，莫非情性」[6]，亦即文學創作原本就是「作者思想、情感、才能、氣質、性格的綜合表現。」[7]而板橋詩歌之特殊，乃在不但從心有所感到發而爲詩之間，沒有矯情造作的「加工程序」；而且有所感的「心」，原就是一顆率真善良又富有感情的心，因而，由此心所「感」者，便也是充滿了真實誠摯。

所以他的詩，有所憤慨者，如〈詩四言〉中直言那些僞君子的真小人，是「無奸不直，無淺不深」；也可能是得意者，如中舉時所寫的「我一終葵成進士，相隨丹桂狀元郎」（補遺〈秋葵石筍圖〉）；或是風趣者，如補遺〈八哥〉的「借問人間和手足，相逢此鳥便稱哥？」；或是悲痛的「嗚呼七歌兮浩縱橫，青天萬古終無情」（〈七歌〉之七）……。我們在讀詩之時，彷彿可以看到板橋，時而怒目罵人，時而洋洋自得，時而浪漫天真，時而感慨萬千……。

同時，他所表達的方式也是很直接具體的，如〈貧士〉：

---

4 見《清詩紀事》，同註 2。
5 同註 3。
6 同註 1，「體性」篇。
7 詹鍈著，《文心雕龍的風格學》，「〈文心雕龍〉論風格與個性的關係」，（臺北：木鐸出版社，1988），頁 11。

貧士多窘艱，夜起披羅幃；徘徊立庭樹，皎月墮晨輝。念我故人好，謀告當無違。出門氣頗壯，半道神已微。相遇作冷語，吞話還來歸。歸來對妻子，局促無儀威。誰知相慰藉，脫簪典舊衣。入廚燃破釜，煙光凝朝暉；盤中宿果餅，分餉諸兒饑。帶我富貴來，鬢髮短且稀；莫以新花枝，誚此蘼無非。

一開頭就直述「貧士多窘艱」，以下三句，便把他當日窮愁的情景呈現了出來。接著描述向友人借貸到被拒絕歸來之事，尤其是「出門氣頗壯，半道神已微」二句，把他的心情與神情的變化，刻畫得既詳實又生動。在此詩中，彷彿是一幕戲劇，除了頭句開場白與末四句是結語之外，都是用行動直接讓讀者感受到，他是多麼的窘困，而妻子是多麼的溫柔體貼，子女是多麼的無辜。就因爲這種具體的敘述，使人得知其境而同其情。就如傅庚生在《中國文學批評通論》中所說的：

抽象之情辭理辭，咸不足以搖撼他人之心魄；即便感人，亦不能深。必待作者盡暴其所遭之情境於讀者前，使亦俯仰其間，而激動其情思，一若嚮時作者之所當感受者，乃能交感而相契也。[8]

8 傅庚生著，《中國文學批評通論》第六章「中國文學批評」之想像論（臺北：華正書局，1984），頁 73。

但是，並不是非要敘述情節的詩，才能讓人交感而相契。因爲直接具體不一定要有景有象，清楚坦白的陳述，也會使人心領神會。如〈寄題東村焚詩二十八字〉：

> 聞說東村萬首詩，一時燒去更無遺。板橋居士重饒舌，詩到煩君併火之。

詩中，板橋直述他聽到友人將所作萬首詩燒毀，一時心有所感，便也想要將自己那些不滿意的詩作燒掉。雖然不能真正體會那時的他，心中是什麼樣的感慨，但是卻可以得知他那疏放直爽的個性。

所以《清史列傳》〈鄭燮傳〉說他：

> 「詩言情述事，惻惻動人，不拘體格，興至則成」[9]。

也就是說到他的詩歌，不論是抒發感情或是敘述事情，都不是刻意爲文造情生事，而是直接由現實感於心中，興來則發而爲詩，因此沒有什麼預設的想法，也不斤斤計較用什麼格式，但卻很真實感人。

此外，他那表現自我的詩歌，也因爲「自我」的與眾不同，而顯得出奇。而板橋的自我是如何與眾不同呢？鄭方坤在〈板橋詩鈔小傳〉中提到他的人是「落拓不羈……嶔崎歷落」，查禮在《銅鼓書堂遺稿》則說他「才識放浪，磊落不

---

9 見《清史列傳》，卷一百五十五，志一百三十，藝文四。

羈」[10]，《揚州府志》則記載他「生有其才，性曠達，不拘小節」[11]，可見板橋是位有奇才逸氣，放達坦蕩，卻又不拘世俗的人。他既與世俗格格不入，加上對文章又要求「自樹其幟」[12]，不願趕流行[13]，對於當時尊唐宗宋的風氣亦深不以為然；在〈板橋自述〉中，他自言：

> 板橋詩文，自出己意，理必歸於聖賢，文必切於日用，或有云高古而幾唐宋者，板橋輒呵惡之。

所以，他的詩歌也就成了「別調」[14]。

而真實誠摯的內容情感與「自裁本份留深色」[15]的表現形式，使得他的詩歌就如蔣寶齡在《墨林今話》中所說的「詩詞書畫皆曠世獨立，自成一家。」[16]徐世昌在《晚清簃詩匯》〈詩話〉則有一段更精確的看法：

> 板橋書、畫、詩，號稱『三絕』。自出手眼，實階胎習於古詩，多見性情，荒率處，彌真摯有味。世乃以

---

10 【清】查禮著，《銅鼓書堂遺稿》，卷三十二，收於上海古籍出版社《鄭板橋》的附錄。

11 重修《揚州府志》，卷四十八。

12 板橋在〈與江濱谷、江禹久書〉中，開頭便沿：「學者當自樹其幟」。

13 同註 12，中間又有言曰：「且夫讀書作文者，……切不可趨風氣，如揚州人學京師穿衣戴帽，才趕得上，他又變了。何如聖賢精義，先輩文章，萬世不祧也」。

14 《清史》〈鄭燮傳〉記曰：「詩詞皆別調，而有摯語。」見列傳二百八十九，藝術三。

15 見〈賀新郎・述詩二首〉。

16 見【清】蔣寶齡著，《墨林今話》卷一，（臺北：學海出版社，1993）。

狂怪目之，淺矣！[17]

二、毀之者半

以上大致是清人對板橋的評述中，屬於褒揚方面的代表意見。但是，在另一方面，亦有貶的說法。最具代表性也最具爭議性的，就是袁枚在〈隋園詩話〉中所說的：

> 板橋深于時文，工畫，詩非所長。佳句云：『月來滿地水，雲起一片天。』『五更上馬披風露，曉月隨人出樹林。』『奴藏去志神先沮，鶴有飢容羽不修。』皆可誦也。[18]

言下之意，對板橋之詩頗不以爲然。不過，在此要先談到一點，評論者情感因素影響主觀意識的問題。因爲袁枚和板橋之間的交情是好或是壞，並沒有一個定論。在本文第三章第四節「興味盎然的酬贈詩」中，我們曾觸及到板橋和袁枚的交往情形。就個人認爲，從袁枚在《隋園詩話》記載，板橋因誤聞袁的死訊而大哭之事來看[19]，他們對彼此的才名應是互相仰慕的，只是袁枚提到有關大他二十三歲的板橋時，大多不甚尊崇，除前文明言板橋詩非所長，末段又言「板

17 徐世昌著，《晚晴簃詩匯》，（臺北：世界書局，1961），卷七四。
18 【清】袁枚著，《隋園詩話》卷十二。
19 袁枚在《隋園詩話》卷九記曰：「興化鄭板橋作宰山東，與余從未識面，有誤傳余死者，板橋大哭，以足踏地。余聞而感焉……。余故贈詩云：聞死誤抛千點淚，論才不覺九州寬」。

橋多外寵，嘗言欲改律文答臀爲答背，聞者笑之。」

對於其書法更是大肆批評：

> 惟書法盡學鄭板橋，則殊不必。板橋書法野狐禪也。遊客中有壽門巳君楚江諸公，皆是一丘之貉，亂爬蛇蚓，不識妃豨。……亦如孫壽本無顏色，又不肯安心梳理；故為齲齒笑，墮馬妝，以蠱惑梁冀秦宮耳。若西施王嬙，天然國色，整整齊齊，……豈屑為此矯揉造作小家子態哉！……。[20]

他既認爲板橋那怪的有名的書法是「矯揉造作小家子態」，那麼對他一向狂放不羈的爲人，應也是不甚欣賞，在評論其詩文時，不免就有失客觀。

但是，雖然板橋的詩歌不致如袁枚所言，只有寥寥幾句可誦；不過，既然是「毀之者半」，那麼，除了袁枚外，一定也有對板橋詩不甚滿意的人，如：

> 興化鄭板橋燮，……詩有性靈。如『山茗未賒將菊代，學前無措喚兒迴』，不免於粗。（潘清，《挹翠樓詩話》）[21]
>
> 鄭板橋『有月不妨人去盡』句，非絕頂性靈說不出。此公詩，雖學淺，而氣清神爽。隋園謂詩非所長，殊

20 袁枚著，《與慶晴村都統書》。
21 同註 4。

不盡然。（錢振，〈鍠詩話〉）[22]

他們都認爲板橋詩有性靈，但卻不免有粗淺之詞。這是因爲板橋常常太直率的表達自己的情感，說出自己的意思，與傳統「詩貴含蓄」的觀念有所不符，如〈縣中小皁隸有似故樸王鳳者，每見之黯然〉詩中之一、二寫道：

> 喝道前行忽掉頭，風情疑是舊從遊；問渠了得三生恨，細雨空齋好說愁。
>
> 口輔依然性亦溫，差她允筆墨生痕；可憐三載渾無夢，今日輿前遠近魂。

從他看到一位與故樸相似的小隸，回想起從前種種，到感嘆連在夢中也不得相見，一路寫來，都非常的直接。而且詩人主觀強烈的情感也表露無遺，但也因此缺少蘊藉；雖讓人一目了然，卻沒有讓人回味的餘地。

另一頭使板橋詩歌粗淺的主要原因，就是語言文字的白俗。這是因爲他不避俚俗之語，反而常將之運用於詩文中。如〈范縣詩〉之三：

> 維蒿維蕨，蔬百其名；維筐維榼，百獻其情。蒲桃在井，護草在坪；棗花侵縣，麥浪平城。小蟲未翅，窈窕厥聲；哀呼老趙，望食延頸。

---

22 同註 4。

此詩不但結構類似《詩經》國風，而且提到的植物都是很具地方性。尤其是詩末有註曰：「范以黃口爲小蟲，以喞食補舀者爲老趙。」可見，老趙一詞是范縣特有的稱呼，而就字面來看，也很通俗。

此外，有些詩歌還以口語入詩，如〈懷舍弟墨〉詩：

> 我無親弟兄，同堂僅二人；上推父與叔，啟不同一身！一身若連枝，夜夜相依因；樹大枝葉富，樹小枝葉貧。……我年四十一，我弟年十八。憶昔幼小時，輕癯欠肥肉。老父酷憐愛，謂叔晚年兒，餅餌擁其手，病飽不病飢。出門幾回顧，入門先抱持。……家貧富書史，我又無兒子；生兒當與分，無兒盡付爾。

讀來只感覺一位中年人，對著十八歲親同手足的堂弟侃侃話家常。尤其「我又無兒子」之詩句簡直就是一般的白話。像這種俚質的語言文字，在當時復古擬古的風氣中，自然爲那些深受古典文風薰染的文人，視爲粗俗了！以上是清人對板橋大致上的評論。一般而言，以真性情爲詩，是他的優點；而太過粗淺，則是爲人詬病之處。

三、毀譽之間的再探討

前面已大致提到清人對板橋的詩歌評論，從這些評論中可以得到一個結論，即「內容情感的真摯動人」及「語言文字的質淺俚俗」是板橋詩歌的兩大特色。但是，這兩大特點的形成因素爲何？它們到底是長處，還是缺失？卻很少有人專門加以探討。在此，便是針對這兩大特色再做分析。

無庸置疑的，內容情感的真摯動人，是板橋詩歌的一大優點及特色，尤其是民胞物與的精神，更是令人感動。例如那些反映民間疾苦的社會詩中，雖看不到板橋置身詩中發表感言，但他往往藉著景物或他人的悲悽，來表徵自己心情的沉痛。在〈私刑惡〉中末兩句的「雷霆收聲怯吏威，雲昏雨黑蒼天泣」；〈孤兒行〉的「墓樹蕭蕭，夕陽黃瘦，西風夜雨」；又如〈後孤兒行〉的「行刑人累相續」；〈逃荒行〉的「臨風淚雨如注」等等。這些人本來都是與板橋不相干的陌生人，但他卻爲其不幸的遭遇悲嘆不已！從這些詩歌中，我們能感受到他強烈的同情心，同時，不單是對人，而是萬物皆爲其同胞[23]。而他的情感之所以有如此的特色，應當歸於自小生活於困境之中，故能親身體會窮苦者的處境，此外家風的謹教，親情的溫暖，也是重要的因素。尤其是乳母費氏，對板橋的照顧，比對自己親生的兒子還細心，即使後來鄭家門戶衰微，也不肯背棄主人而去，還是毫無怨言的爲鄭家奉獻心力，甚至老年後也不願回鄉接受兒子的奉養。她這種善良而高尚的情操，對板橋的人道主義精神具有潛移默化的影響。再加上儒家思想的薰陶，使得他從小便心存仁厚，對人真心相待，長大爲官後也特別體恤百姓，救助貧弱。這種泛愛眾生的熱情，也隨著他率性的文筆融入寫實生動的詩歌之中，也就使詩歌呈現出「真摯動人的情感」。

---

23 見〈題畫竹六十九則〉之一：漠漫鋤荊棘，由他與竹高，西銘原有說，萬物總同胞。

至於語言文字方面，雖然清人多認爲失之粗淺，事實上，個人覺得板橋對語言文字的運用很高妙。李鍌在《中國文學概論》中說：

> 詩歌是精美的語言，濃縮的語言，也是彎曲的語言，它以最少的文字，記錄詩人真情的流露，生活的遭遇、感觸，以及心靈的各種活動。[24]

也就是說，詩歌的語言必須是經過一翻鍛鍊萃取。所以板橋以俗語口語入詩，也並不是隨意任用的。在〈濰縣署中與舍弟墨第五書〉中他說：「百川石文精粹湛深，抽心苗，發奧旨，會物態，狀人情，千迴百折而卒造乎淺近」。他既讚賞方百川的「千迴百折而卒造乎淺近」，可見淺近也是他對爲文的要求。在第四章第三節「不隨流派的文學觀」中，我們已探討過板橋「直攄血性爲文章」[25]的主張，因此他不務「言外有言，味外取味」[26]，是很理所當然。所以，他自己下筆，也力求淺近質實。另一方面，也是爲了配合詩歌的內容，如：

> 臭麥一區，飢雞弗顧；甜瓜五色，美于甘瓠。結草為菴，扶翳遠樹；苜蓿綿草，蕎花錦互。三豆為上，小

24 李鍌等編著，《中國文學概論》，第三章「詩歌」，（國立空中大學印行，1987），頁 109。
25 見詩鈔〈偶然作〉。
26 見〈濰縣署中與舍弟墨第五書〉。

豆斯附；綠質黑皮，匀圓如注。（〈范縣詩〉之四）

詩下有註曰：「范有臭麥，成熟後則不臭。黃、黑、綦爲三豆，餘俱小豆。黑豆而骨青者最貴。」因爲范縣本就是一個農鄉，所以此詩僅是一些對范縣農作物的描述，就題材而言，已是很具鄉土感。

然而俚俗，並不就代表低俗，俚俗中若能與真摯、自然相配合，那麼這樣的俚俗反而是一種質樸的美。在看這首〈范縣詩〉時，只感受到范縣的淳樸農鄉氣味，而沒有一點低級無聊的感覺。此外，更可以在下列例句中看到板橋駕馭語言文字的高妙，如「江南大好秋蔬菜」，即使是大好，秋蔬菜也不是什麼山珍海味，但下句接「紫筍紅薑煮鯽魚」，紫筍紅薑顏色一配，連平凡的鯽魚似乎都「明亮」了起來，香、味似乎也隨著色刺激讀者，而令人垂涎欲滴了。平凡的語言文字一經像這樣巧妙的安排，反而就別有一番清新脫俗之感。

再如〈寄衡山〉詩中的「江淮韻士許衡州，近日蕭疎似昔不？」，類似書信散文句。而〈六朝〉的「一國亡來一國亡，六朝興廢太匆忙」之句，又有如數蓮花落的口吻。所以板橋的「淺近」，並不是隨意通俗即可，而且要依據現實的事情，出於真實的情感，才能在合情合理中，使淺白的文字表達出深遠的意思。因此，淺白的文字也是需要經過鍛鍊的。就如傅庚生在《中國文學欣賞舉隅》中所說的：「自然直尋，一何嘗忘情於鍛鍊，不過造詣之高者，沒其斧斲之痕跡而已」

[27]。

再者，板橋運用的了很多的疊字複詞。即全部五百六十七首詩中，有一百三十五首含有疊字複詞，一共有一百二十六個不同的疊字[28]。

疊字的運用，常會使詩歌的節奏加快，而使要強調的感覺更顯凸出，如：

> 年年為恨詩書累，處處逢人勸讀書；試看潘郎精刻竹，兄吳萬倦怠何如？（絕句二十一首〈潘西鳳〉）

此處用了兩組疊字，「年年」代表時間，「處處」代表空間。首句表示潘西鳳認爲詩書之事很累人，但「年年」就含有長時間都有這種感覺的意思，加強了累的印象。單就此句來看，很平凡無奇；可是下接「處處逢人勸讀書」，意思

---

27 傅庚生著，《中國文學欣賞舉隅》，「一六、自然與藻飾」（臺南：大夏書局，1968），頁 127。

28 其中單疊字，如「微微」之類者，有一百一十五個；雙疊字，如「墾墾力力」之類者有十個；
三疊字，則只有「曲曲溶溶樣樣」一個，合計一百二十六個。在此，我們也將他使用過的疊字種類列出。
悠悠碌碌悄悄紛紛殷殷熊熊區區勞勞渺渺潺潺洶洶歲歲沙沙夜夜
朝朝時時隱隱錚錚累累獵獵蕭蕭青青忽忽漾漾裊裊颼颼歷歷葉葉
蒼蒼窄窄寂寂循循皇皇村村緩緩浩浩平平細細微微晃晃灑灑斬斬
匆匆兩兩切切落落縷縷爛爛朗朗灼灼亭亭飄飄家家日日瑣瑣翩翩
拍拍逐逐沾沾茫茫離離漠漠翼翼壢壢年年處處颯颯兢兢飛飛蕩蕩
諾諾瀉瀉望望煢煢慘慘小小喔喔徐徐嗟嗟寥寥瑩瑩咽咽咿咿踽踽
浪浪好好永永去去萋萋琅琅短短事事樹樹羅羅千千淡淡脈脈莽莽
面面濛濛少少多多覓覓尋尋漫漫饃饃挺挺淒淒依依珊珊密密疏疏
濡濡大大蕭蕭落落落落漠漠蕭蕭澹澹娖娖斤斤墾墾力力淡淡疏疏
重重疊疊年年歲歲日日時時疏疏密密曲曲溶溶樣樣

就完全不同了。雖然是長年直說詩書累，然而還要勸人讀書，而且是「處處」勸人讀書，這不是很矛盾嗎？其實不然，既是年年恨詩書累，也就表示年年還是讀書作詩，再加上處處逢人勸讀書，更強調出潘西鳳對讀書作詩的執著。

板橋在題畫詩中，也常藉疊字來表現畫的生動。如〈題畫竹六十九則〉的：

> 曾裁密密小樓東，又聽疎疎夜雨中。滿硯冰花三寸結，為君圖寫舊清風。（見補遺，收錄自《古緣萃錄》卷十四）

在此，密密與疎疎又是一相對的疊字。密密代表不只一枝竹，在數量上予人厚實的感覺；而疎疎表雨的大小，在數量上予人輕盈的感覺；而且疎雨落在密竹上，也會引人幻想發出的聲音是如何。如此對照相較，再加上想像，也就自會浮出有形有狀有聲的生動畫面了。

因此，個人覺得，板橋詩歌的語言文字，在那些文謅謅的詩歌中，是顯得過於粗俗；但是，它卻俗得自然，俗得有味。因爲板橋有深厚的學養基礎[29]，有鄉野農村生活的觀察體驗；而且既然主張不能一字苟吟，必定字字都是用心之作，所以才能把淺白的語言文字，運用得如此高妙。

最後要談到的是，在這些有譽有毀的評論中，最常爲人引用的，要算張維屏在〈松軒隨筆〉中所說的：

---

29 他自己在〈板橋自序〉中書說：「板橋居士讀書求精不求多，非不多也，唯精乃能運多，徒多徒爛耳」。

板橋大令有三絕：曰畫、曰詩、曰書；三絕之中有三真：曰真氣、曰真意、曰真趣。[30]

雖然常爲人引用，但卻很少加以說明，本來氣、意、趣是文學批評的大課題，但吾人在此，試著以最淺近的意見，稍做解釋。

在氣這方面，從板橋在〈濰縣署中與舍弟墨第五書〉所說的：

愚謂本朝文章，當以方百川制藝為第一，侯朝宗古文次之；其他詩歌詞賦，扯東補西拖張拽李，皆拾古人唾餘，不能貫串，以無真氣故也。

可知，他認爲「抄經摘史」[31]的文章，沒有加以吸收消化，加以融會貫通的創出己意，只是拼湊他人的東西，因此東一句是甲的風俗，西一句是乙的特色，硬將不同人所表現出的不同風貌，放在自己的詩文中，就會顯得凌亂雜碎，不能貫串，所以也就缺少真氣。所以板橋所謂的真氣，是只屬於自己特色的貫串。也就是某人作的詩文，必含有某人特有的氣質在其中，才是真正的文章，這與「直攄血性爲文章」[32]的觀念一致。

---

30 同註 3。
31 前〈偶然作〉有「小儒之文何所長，抄經摘史餖飣強」之詩句。
32 見前〈偶然作〉。

在意這方面，最簡要的說，既然是「詩取道性情，務如其意之所欲出」，自然詩歌的內容、情意也就是真意了。也就是詩歌要說出自己的意見、想法、情緒等等一切屬於自己的感受。但，如果只寫些不關痛癢的感受，那麼這樣的真意，並沒有什麼價值。所謂「筆墨之外有主張」[33]，對板橋而言，真意者，除了說出自己的感受外，還要帶有具社會教化作用，如此才是有意義的真意。

至於趣這方面，法式善在《梧門詩話》中說：

> 興化鄭板橋燮，……余謂其畫有逸趣，字有別趣，詩有風趣。……[34]

雖然趣有很多種，但是板橋詩歌的真趣，以風趣最爲貼切。因爲他原本就是一位很風趣的人，而他的風趣也常常顯現在詩歌中。如〈板橋潤格〉後所附的一首詩：

> 畫竹多於買竹錢，紙高六尺價三千。任渠話舊論交接，只當秋風過耳邊。

詩中意思是告訴那些索畫日眾的人，一切按規矩來，拒絕套交情。原本拒絕人總是比較難開口，有時也會因處理不當而傷和氣。但是他以幽默的口吻，化解了可能會發生的尷尬或爭執，也使自己免去一些人情壓力。所以，他的風趣，

33 同註 20。
34 同註 2。

是蘊含智慧在其中。因此，對於自己的困境，他也能以風趣的態度去看待，如他當年教書維生時，生活還是不如意，但他卻在〈教館詩〉中寫著「半飢半飽清閒客，無鎖無枷自在囚」，這種自我嘲弄，也是一種風趣的表現。而詩中的風趣，既是其性格而來，所以也是真實而非故作灑脫。

張維屏的這段話並沒有明顯說出板橋的得失，但卻很精闢的說明了板橋詩的特色。

第二節　近人之說

由清末到民國，雖然只有數百餘年的時間，但文學思想也隨著歷史的變遷，而有劇烈的變化，中國傳統文學在此經歷了一場脫胎換骨的考驗，在這場變革中，近人對板橋詩歌的看法和清人之說有甚麼異同呢？差異的原因又在哪裏呢？到底板橋詩歌的評價爲何？這些都是本節所要談的重點。

一、粗淺與前衛

其實，上述在內容情感與語言文字的兩大特點，到了民國之後，還是評論板橋常見的意見，只不過說的比較具體，在詩取性情方面，如雪茵在〈鄭板橋的詩與詞〉中說：

其實他的詩韻自然，不佳雕飾，完全是純真性靈之作。[35]

傅抱石在《板橋試論》一文中說：

板橋的詩、詞、文章（家書為主），特別是詩，據今日所能讀到的，大都來自現實，來自生活，言中有物，有感而發的……最突出的是使人讀了感到作者一種強烈、豐富、真摯的『民胞物與』的感情。[36]

而在「失之粗淺」方面，如何仁勇在《鄭板橋評傳》中所說的：

板橋之詩乃學白香山、陸放翁兩家，其不能達於最高峰的原因，是通俗中不夠善雅，疏放處而缺少含蓄，虛實中仍有「執著」，起落中不甚神妙。[37]

再如沈賢愷在《鄭板橋研究》一書中，也說到：

不過以文論文，板橋文字之真率質實，肆意而為，固屬所長，亦所以為其短，偶有疏散之漫，不夠警策，

35 雪茵著，〈鄭板橋的詩和詞〉，《暢流》，四十五卷十二期（1972），頁 8。
36 見《鄭板橋集》的「前言」，上海古籍出版社，頁 7、8。
37 何仁勇著，〈鄭板橋評傳〉，《新天地》第四卷第八期（1965），頁 25。

難免「失言」之病，這也是不爭的事實。[38]

不過，更值得注意的地方，乃在於那些因時代不同而有所差異的看法。我們知道，中國文學觀在「五四運動」之後，有非常重大的轉變，其中白話文學的提倡與重視，更是一大特點。所以板橋那些清人眼中「粗淺」的詩歌，在今日，卻是成了清朝的「前衛作品」。如伍稼青在〈板橋集評介〉中說：

> 至其不用典，不用套語爛調，不摹仿古人，不避俗話俗字，甚至有很多逕用白話替代了文言，在二百年前有如使大膽作風，這是非常使人驚異的。後來胡適提倡文學革命，揭櫫「八不主義」，其實板橋在當日早便向著這個方向率先走過一段里程了。[39]

胡適在提倡白話文學時，所揭櫫的八不主義是：

（一）不做「言之無物」的文字。
（二）不做「無病呻吟」的文字。
（三）不用典。
（四）不用套語爛調。
（五）不重對偶 — 文須廢駢，詩須廢律。
（六）不做不合文法的文字

38 沈賢愷著，《鄭板橋研究》，（臺北：新文豐出版公司，1988），頁64。
39 伍稼青著，〈鄭板橋評介〉，《自由談》，第十四卷第一期（1963）。

（七）不摹仿古人。

（八）不避俗話俗字。[40]

在這八不主義中，第一、七項本就是板橋自己的文學主張（參看本論文第四章第三節「不隨流派的文學觀」中，一、實用文學與寫實精神；二、反對擬古模仿，這兩項的內文。）而第二項，我們也可從他在〈音布〉詩中所說的「嗟予作詩非寫怨」中知道，他亦不做「無病呻吟」的文字。至於三、四、八項，就是他語言文字所表現出來的特色。

唯有第五、六項，對板橋而言，卻是他從沒想過的事。因爲他在〈濰縣署中與舍弟第五書〉中所說：「今人鄙薄時文，幾欲摒諸筆墨之外，何太甚也？將毋醜其貌而不鑑其深乎！」可知板橋是重視八股駢文，加上基本上板橋還是一位傳統派的文人，所以這兩項自非板橋所能想能做者。

但是我們已可很明顯的看出來，因爲在中國古傳統詩文中，以俚俗口語入詩，本就常被人批評不夠雅緻，何況是在以復古爲職志的清代！所以板橋詩歌粗淺的語言文字，於清代自然是遭受很多批評。但到了民國，白話文學成了主流，板橋以清人而作民國人所倡之文，也就成了前衛人士了。

二、奇怪與創新

板橋身爲「八怪」之一，人亦常以「怪」來形容他；而

40 胡適著，《胡適文存》，〈建設的文學革命論〉，（臺北：遠東圖書公司，1953）。

其詩既取自性情，那麼他的詩歌也應該帶有「怪味」！徐悲鴻曾說：

> 板橋為中國近三百年來最卓絕人物之一，其思想奇、文奇，書畫尤奇。[41]

這話是對板橋的讚美，但是上一節我們提到徐世昌在《晚晴簃詩匯》中所說：「板橋畫詩書號稱三絕……多件性情，荒率處彌真摯有味，世乃以狂怪目之，淺矣！」，由這段話中，知道當時人稱板橋爲怪，是含有貶意的意思於其中，可見這個「怪」、「奇」，也是在板橋詩歌評論中有所爭議之點。

板橋是一位「文如其人」的典型代表，所以要談其詩之怪，先從其人之怪說起。王杰謀在〈一代怪人－鄭板橋軼事遺聞〉中說：「鄭板橋，胡爲乎稱之『怪人』？是因鄭之言行作品有超乎常人之處，而又有『揚州八怪』之一故也。」[42] 所謂超常人之處，也就是不與世俗相同。這點，魏紹徵在〈宅心仁厚的鄭板橋〉一文中說得很清楚：

> 板橋豈真怪乎？其實這是世俗的看法，一般說板橋怪，是他喜歡罵人；是他的書畫要賣錢，且自立潤格：是既立潤格，還要看他高興與否……「怪名」之傳，

---

41 此言爲徐悲鴻在跋板橋〈蘭石竹軸〉所寫。
42 王杰謀著，〈一代怪人 — 鄭板橋軼事遺聞〉，《中國文選》，五七卷三期（1978），頁 28。

> 恐不止此，當時便有些人覺得他不好與的，是他鄙薄利祿與痛惡沽名釣譽，性情率真，破除虛偽情面，這是世俗之輩所難受的。[43]

事實上，性情率真，正是使他成爲怪人的一大主因，因爲性情率真，所以他的個性、思想、情緒都是自然而坦白的顯現出來，我們看在〈淮安舟中寄舍弟墨〉他說：

> 愚兄平生漫罵無禮……年老身孤，當慎口過，愛人是好處，罵人是布好處，東坡以此受病，況板橋呼！老弟亦當時時勸我。

明知罵人不好，卻又罵人，既愛罵人，又要他人時時勸戒，如此真實的呈現自己，雖然看似矛盾，反令人覺得坦白的可愛。

再看他在〈新秋田索畫〉中所說：「終日作字作畫，不得休息，便要罵人；三日不動筆，又想一幅紙來，以舒其沉悶之氣，此亦吾曹之賤相也。」也許有人會認爲這就是板橋矛盾難伺候的地方，但是他總是能看到自己的矛盾，而又不管他人如何作想的說出來，就一般人而言，能夠如此真實表現出自己者，實在是不多。

而板橋的真性情又往往帶有不協調的特質，如他崇六經，尊聖賢，基本上是屬於傳統儒家的知識份子，但是卻又

---

43 魏紹徵著，〈宅心仁厚的鄭板橋〉《中國文選》，四四卷七期（1971），頁 10。

不順乎禮法的約束，喜歡追求個人自我。鄭方坤在〈鄭燮小傳〉中說：「板橋徒以狂故不理於口，然其爲人內行醇謹，胸中具有涇渭」[44]，正是說他內心醇厚，但外在言行卻是疏宕不羈。

我們看他批評所惡時，總是激憤直言，如在〈焦山讀書寄四弟墨〉的「和尚是佛的罪人，殺盜淫妄，貪婪勢利，無復明新建性之規」，後又說：「書以寄汝，並示無方一笑也。」雖是罵那些不首戒規，敗壞佛門的和尚，但對著和尚罵和尚，而且無方上人還是他的好朋友[45]，可見板橋的坦率。在看他〈雍正十年杭州韜光庵中寄舍弟墨〉說：「愚兄爲秀才時，撿家中舊書簏，得前代家奴契卷，即於燈下焚去，並不反諸其人。恐明與之，反多一番形跡，增一番愧感。」這種深具仁厚情操之言，實在很難想像是出自於怒目斥人，或是「市樓飲酒拉年少」[46]的板橋所言。也因此，他的詩歌也隨著其真實的人而變換，呈現出許多不協調的創新風貌。

就內容與形式而言，因爲他具有傳統儒家文學觀的想法，因此，其詩歌多來自真實，且具有現實主義的精神。但是他又主張「出於己意」[47]，所以在表達方式上，往往有不同於傳統的創新。如〈逃荒行〉一詩，是描寫當年濰縣災民逃避災難的情形，具有很現實的社會內容，但他一開頭即言：「十日買一兒，五日賣一婦，來日賸一身，茫茫即長路」，

44【清】李恆輯錄《國朝耆獻類徵》初編，卷二百三十三，【清】鄭方坤著，〈鄭燮〉，（臺北：文海出版社，1968）。

45 可參考本文第三章第四節「興味盎然的酬贈詩」。

46 見〈七歌〉之一。

47 見〈板橋自敘〉。

好似數來寶一般。然而我們卻能在這急促而順溜的詞句中，感受到災難來時，大家慌亂奔逃的情景。

又如〈寄松風上人〉：

> 豈有千山與萬山，別離何易來何難，一日一日似流水，他鄉故鄉空倚闌。

本來是一首表達對有人思念的普通詩歌，但在疊字的運用下，顯得別出心裁，而且各具深意。千山萬山重重相隔，可見距離之遙，要相聚是談何容易！一日銜接一日，就如流水般一去不回，兩人一在故鄉，一在他鄉，也只能倚闌空望。本來思念大多帶有愁苦的成分，但是此詩的語言節奏則是很輕快，二者似乎不甚搭調，但合在一起，反而有一種突出的效果。

有時創新不僅在表現形式上，還在於他自己獨特看法。此點常常表現在他的詠史詩中：

> 舞榭歌樓盪子家，騷人落拓戒搖遮。如何冕藻山龍客，苦練溫柔旖旎花！紅豆有情傳夢寐，青春無賴鬥煙霞。風流不是君王派，請入雞林謝翠華。（〈南朝〉）

詩前有小序曰：「昔人謂陳後主、隋煬帝作翰林，自是當家本色。燮亦謂杜牧之、溫飛卿爲天子，亦足破國亡身。乃有幸而爲人才，不幸而有天位者，其遇不遇，不再尋常眼孔中也。」，常人都說天子尊權貴，他卻認爲像陳後主、隋煬帝雖是必須治理天下的天子，然而有的卻是文才而非治才，所長非在於其位，所以是「不幸而有天位」。這種觀念，對當時而言，很是新穎。即使今日，我們也往往只會譏笑甚至斥罵後主、隋煬帝是只知貪圖享樂、吟花弄月，不知治國保民的皇帝，卻很少從他們生不得其位這個角度去想。

此外，板橋個性的不協調還表現在風流風趣與自負孤高上。前者通常與人隨和之感；後者則是使人有冷傲的聯想。所以板橋總在幽默的口吻中，顯露出自得的一面。如在〈題畫竹六十九則〉中首錄自《支那南畫大成》的一則，他寫下：「宦海歸來兩袖空，逢人賣竹畫清楓。還愁口說無憑據，按裹贓私遍魯東。」的詩句後，又提「板橋老人自贊又自嘲也」。對於自己的名譽他是很堅持而且很看重，雖然以有趣的語氣說明自己宦海歸來，還要賣畫爲生，但事實上也很自豪地告訴別人，他是真正清白的。

又如也是〈題畫竹六十九則〉中的一則：

> 年年畫竹買清風，買的清風價更鬆。高雅要多錢要少，大都付與酒家翁。（見補遺，收錄自《支那南畫大成》）

在輕鬆的詩文中，不難發現板橋自許「高雅」的意味。尤其末兩句「高雅要多錢要少，大多付與酒家翁」，好似調侃自己貧又嗜酒，然這不也顯示出他雖貧困，但還有只愛高雅不愛錢的清逸嗎？

至於板橋天真浪漫的個性，也一樣在詩歌中可尋。沈賢愷在《鄭板橋研究》中說到：「浪漫必具個人思想，它常是一種個人主義的表現」，又說「浪漫主義也常含有些自然主義的因素。浪漫是講究自由的，不受羈絆，也帶有些反叛性。偏重情感和想像……」[48]。而板橋也是一位講究自由，不受羈絆，帶有些反叛性的人，同時他的感情和想像力也非常之豐富，所以在其詩歌中，有很多浪漫天真的句子，如「夜深更飲秋潭水，帶月連星舀一瓢」[49]，又如「朝霞鋪滿徑，裁取作蠻牋」[50]等等，都是充滿了巧妙聯想又富含生活情趣。

當然，板橋更是一位灑脫自然的人。因此〈招隱寺訪舊五首〉的「客真無禮數，僧亦去袈裟」；〈於告官歸里畫竹別濰縣紳士民〉的「烏紗擲去不為官，囊橐蕭蕭兩袖寒」；〈和盧雅雨泛舟〉的「佳境佳辰拼一醉，任他杯酒漬衣襟」等等，就如他自己所說的「頗有灑然清脫之趣」。[51]

傅庚生在《中國文學批評通論》中說：

> 文學以感情為宰，感情之發，原於人之天性。其想像活動之跡，思想構成之因，人各異趨。故人人生而各具不同之個性，發為文章一個具不同之風格。[52]

所以這些不同風貌的詩歌，都是板橋不同個性之呈現。

---

48 沈賢愷著，《鄭板橋研究》，（臺北：新文豐出版公司，1988），頁216。
49 見〈訪青崖和尚和壁間晴嵐學士虛亭侍讀原韻〉詩之二。
50 見〈同起林上人重訪仁公〉。
51 見〈靳秋田索畫〉。
52 傅庚生著，《中國文學批評通論》第九章「個性時地與語言創作」，（臺北：華正書局，1984），頁187。

但因板橋個性上具有不協調的特質，遂成了常人眼中的怪。然而這種怪，是源自於真性情的表現，所以不是故意作態的「怪」，而是拔俗的「奇」。但在這背後，更為今人所推崇者，是板橋當時不隨時尚，不屈服傳統，發揮自我本色的個人主義，而擁有個人獨特的風格。陳橋在〈傳統裏的反傳統〉一文中說：

> 鄭板橋是十八世紀還在閉關政策下的中國人物，在那悶得不透氣的環境裡，他能掙扎出自己的特識來，在傳統裡打滾的中國讀書人很少有他這份魄力的。[53]

此處更可看出不同朝代不同文學觀的差異，這種清人士之為「怪」的特識，在今日反成了大膽的創新精神。如葉慶炳所說的：

> 有清一代，復古風氣瀰漫；如鄭燮之擺落潮流，大膽創作者，自亦為潮流所棄。故清人論話，對鄭燮絕少稱許。然其詩真率自然，無一語非其本身人格之表現；以今日文學觀念衡之，彌足珍貴。[54]

在這段話中，葉標出「以今日文學觀念衡之」這句話是非常重要的。因為這代表了他是以與前人（即清人）不同觀

53 陳橋著，〈傳統裡的反傳統〉，《文星》，第九十七期（1965），頁69。

54 葉慶炳著，《中國文學史》，（臺北：學生書局，1989），頁670。

念之所下訂出來的標準，來評論板橋。

今日文學觀，除了重視白話文之外，更重視的是個人風格的追求，以及不斷的創新求變。康有爲說；「乾隆之世，已厭舊學」[55]，可見當時一味因襲的舊文學，已面臨必須另尋新路的局勢了。但板橋所處的乾隆時期，傳統勢力還是非常強大，他這種不隨潮流，只求自我表現的個性與詩文，是那些守舊份子眼中的怪；但以今日的眼光來看，他的怪，實在就是追求個人風的的創新精神。

三、鄭板橋詩歌評價的再探討 — 永恆不變的真

若將清人與近人對板橋詩歌之評做一比較，可以發現，詩取真性情這一點，是二者同爲贊賞之處；但在語言文字和創作態度這兩方面，卻出現了兩種不同評價。清人認爲板橋以俚白之文入詩，詩之粗淺；但近人則認爲這是板橋詩進步的地方。在創作態度上，板橋追求自我風格的呈現，即因個性的不協調而致於詩歌的不協調，所造成的許多突兀，清人視之爲怪；而近人卻推許這種創新。

事實上，清人與近人著眼的地方不同，所採的角度也不同。清人大多從詩文表現出來的樣子來評判；近人則大多從這背後所代表的精神來論斷。不過，也由此證明，不同時代的文學觀，會造成不同評論的結果。那麼詩歌的評論，不就因爲沒有一個標準而失去意義嗎?詩歌的價值不也會因而失

55 馬宗霍編輯，《書林藻鑑》，（臺北：台灣商務印書館，1982），卷十二。

去客觀性嗎?這時就要回到前文提到的,即經過各種階段的各種標準之後,能不被遺忘、淘汰,表示了藝術創作的被承認、被接受;但若還能得到一致的贊同,那麼被一致贊同的地方,也就是其價值所在。

板橋的詩歌，取自真性情，這一點是至今都爲人贊同之處,而他的真性情就是坦承率直。因此其詩所具有的怪、粗、淺、真摯，無一不是出自於他的「真」，所以筆者認爲「真」是板橋詩歌的最大特色,也是最大的優點與價值。因爲「真」,所以敢言人之所不敢言；因爲「真」，所以可以得到當時詩歌中歷史、人物的真實資料；因爲「真」，所以表現出來的意、趣、氣也都是真的，故而詩歌有自我的風格，不成爲模式，不流於虛僞，好與壞都自然呈現出來。

因此在板橋得詩歌中，可以看到他是那麼坦然的表現出自己 — 一個曾經荒唐、落拓的文人[56]；一個灑脫、粗放的狂人[57]；一個會稱贊自己優點，暴露自身缺點的讀書人[58]。這位非聖賢的仁者，讓我們在矯情的世俗中，看到一位真面目的世俗人。

總而言之，從重視詩歌的寫實精神來看，板橋詩歌的成就，即在於真性情的顯露，真事實的披露，真情感的流露。特別是中國詩歌自來即注重內容的社會作用；無疑的，我們

---

56 如他有〈落拓〉一詩自言：乞食山僧廟，縫衣歌妓家，年年江上客，只是爲看花。

57 如在〈題畫竹六十九則〉中，有一詩曰：畫根竹枝插塊石，石比竹枝高一尺。雖然一尺讓他高，來年看我掀天力。

58 如在〈江七姜七〉詩中，有「板橋道人孤異行，昌羊別嗜顛倒傾。獨推書畫眾目瞠，尋諸至理還平平。」

可以說他的社會詩在這方面取的了很高的成就（參考本論文第三章第一節「直追杜甫的社會詩」）。而他的社會詩之所以如此寫實，又充滿了悲天憫人的情壞，生活上經歷佔了很大的因素，因爲自幼生長在平民社會間，又過著困頓的生活，使他深體平民生活的點滴與苦楚。再配合他仁厚的心腸，所寫出來的詩歌，也就成了有血有淚、有生命的作品。

若從創作的創新精神來看，那麼板橋在此的成就帶有一點革命意味的。因爲在傳統勢力還十分堅固的當時，他的表現自我、最求創新，是被衛道人士視爲荒誕怪奇。雖然以現代的角度來看，他的創新也沒有甚麼驚人之處，只是率真的按照自己的想法、個性去做罷了；然而，卻也可以視爲中國傳統詩歌大革新前的一個突破。但是，這並不是板橋有意識的革詩歌之命，只是因爲他「能自刻苦，自憤激，自豎立，不苟同俗」[59]之故。因此，他還只是一個舊傳統的異數，而不是薪傳統的領導。羅家倫在〈漫談板橋〉一文中就提到：

> 尤其是板橋，不曾把他卓越的天才，用深厚的爐火加以鍛鍊，而任其片段的，散漫發洩，所以不能結成一股新文藝創造的主力軍，而只能做野戰前的一縷偏師。[60]

然而，套用傅庚生在《中國文學批評通論》一文中所說

59 見〈板橋自序〉。
60 羅家倫著，〈漫談板橋〉，《晨光月刊》，第一期第三卷，民國四十二年。

的話，來形容板橋詩歌的成就，即「擇善而固執之以為風氣先者，彌足尊貴也。」[61]在當時王士禎、沈德潛標舉「神韻」、「格調」諸說，使詩壇瀰漫的一股追求超脫之味，以及擬古的風氣；而袁枚「性靈說」，雖說要寫真性情，但是他所寫的只是一些閒情逸致的輕浮之作。大致而言，詩歌的內容有脫離現實精神的傾向。加上文網嚴密，「天下所以避忌諱者萬端」[62]，因而，板橋那些「縱橫議論析時事」、「直攄血性為文章」[63]的觀念，他那不拘體格，又帶著真摯情感之作，不但在清代詩壇上，同時在歷代詩壇上，都應佔有一定地位。

板橋詩名非甚顯著，除了因書、畫聲名太響亮而為之所掩外，與他「重質不重文」的觀念有關[64]。因為重質，所以力求內容的表達，因為不重文，所以不務麗言巧句。雖然今人能欣賞他的俚質淺白，但就清人而言，這可是一大缺失！另外，與他無有有系統的文學理論來支持自己的作品也有關。不過，從板橋所說的「吾文若傳，便是清詩清文；若不傳，將並不能為清詩清文也」[65]的話來看，他是不在乎什麼詩名，只求忠於自己的詩文，至於好與壞，就留給時間去證明吧！

---

61 傅庚生著，《中國文學批評通論》，第九章「個性時地與語學創作」（臺北：華正書局，1984），頁 193。
62 黃鴻壽著，《清史紀事本末》，（臺北：三民書局，1973），卷 20。
63 二處皆引自〈偶然作〉。
64 在〈與江賓谷、將禹久書〉中，他說：「六朝靡麗，徐、庾、江、鮑、任、沈，小乘法也。取青配紫，用七諧三，一字不合，一字不酬，撚斷黃鬚，繙空二酉。究何與於聖賢天地之心，萬物生民之命？…且夫讀書作文者，豈僅文之云爾哉?將以開心明理，內有養而外有濟也。」。
65 同註 59。

第六章 結 論

我們在閱讀板橋五百六十七首詩歌之時，也等於看過了這位怪得可愛的一代藝術家之一生，因爲他那自出己意的詩歌，就是他本身的再呈現。

板橋的生活環境，也就是其詩歌的背景。從第二章的討論中知道，他的一生，在政治黑暗與經濟的壓力下，始終過得不甚如意；尤其又歷經多次的生離死別，更是給予他不少的打擊。而最令其抑鬱的，就是滿懷抱負，卻苦無機會實現；好不容易有一展身手之時，才發現世俗間的不公平並非他一人之力便可解決。同時，他那放浪的才識，也一直被視爲狂怪作態。而貧苦與困陋，使他更爲疏宕不羈。但他的憤世嫉俗，不是報復式的；反而帶有強烈的正義感與同情心，並且激發他的頑強不屈。

所以在那個才子名士輩出的康、雍、乾盛世，他秉著承於外家的文學性分，和培養自於家門師風的性情學識，以及受到友人（揚州八怪）相互薰染的奔放性格，再加上自己對前賢有選擇性的學習，終還是在自我追求的理念中，闖出了一片屬於自己的天地。

因此，我們可以在第三章詩歌的分類析論中，研讀到各種能與板橋本人相互印証的詩歌。如直追杜甫的社會詩，充滿了板橋人道主義的光輝與民胞物與的精神。同時在寫實主義的描述及形象化的描寫下，真實的反映了民情風俗，揭發了許多社會真象；並且提供了建設理想社會的方法，成了最具教化功用的詩歌。在抒發胸臆的感懷詩中，最能顯現板橋真誠坦率的多方面情感。有關親人的描述亦皆集中於此，同時這類詩也最能看出板橋生活經歷的心情變化，或悲或喜，或怒或樂，都有其一定的的理由；既不無中生有，也不無病呻吟。但因直抒之故，所表達的情感在各類詩中是最爲明顯的。

而妙筆點意的題畫詩，則表現出板橋詩、書、畫三絕巧妙結合的才華。這三種原各有一片天地的藝術，在板橋才情的運用下，融合成一種兼具文字、線條、圓形且深具中國風味的藝術創作。在其詩中又可看出繪畫心得、人格學養、詠物技巧，所以是最具藝術價值的詩歌。因爲板橋曾經賣畫維生，成名後索字畫者日眾，所以此類詩的數量在全部詩歌中最多。至於興味盎然的酬贈詩，除了能一窺板橋交遊的情形之外，也証明他是一位交遊廣泛，沒有階級之分的人，而深深淺淺的友誼，就在詩的字裏行間適度的流露出來。同時，由甚少應酬之作來看，可知板橋選刻之嚴謹。其他的詩歌，說明了板橋詩歌題材的廣泛，內容的多樣，益足以爲「不拘體格，興至則成」之寫照。

而在這些詩歌中，又可歸納出什麼樣的板橋思想呢？在第四章的探討中，知道他一如大多數中國傳統的文人，身受儒、道、釋三家思想的影響。基本上他是以儒家爲主，但在歷經人生的高高低低之後，終於在儒、釋、道三家中找出他認為對待人生最適合的路，那就是萬事不要斤斤計較，一切以寬大包容之心去看待；也就是所謂「難得糊塗」的人生觀。既然萬事不斤斤計較，好壞也就不那麼耿耿於懷，所以詩中也時時表現了灑脫自然的風貌。

而政治觀方面，他雖有大漢民族意識，但生當清際，清即為其國家，家國觀念使他在以民為貴的首要原則中，發展出對上負責，對下盡責的政治觀。雖然之前他在仕、隱之間出入，然而一旦為官之後，便以承自儒釋的愛民，以及道家的無為而治，在「得志澤加於民」的積極理想下，以不擾民的管理方式治理縣邑。但在人民最需援助時，他便不顧後果，挺身而出，熱心賑災救民，所以我們看到那些描寫人民疾苦的詩歌，都含有他愛民如子的精神於其中。

在文學觀方面，他具有儒家徵聖宗經原道的傳統文學論，所以詩歌的內容是偏向傳統。但在表現方式上，他卻能自我發揮；即使也有模仿之作，亦能突破舊有框架，融入自己的新意。所以，能在一片擬古風氣中，走出別徑；也能在派別林立中，堅持一己之主張，而寫出在內容上承續儒家傳統實用文學觀，而表現上有自己獨特風格的詩文。

這樣獨樹一幟的作風及作品，所得到的評論有褒也有貶。在第六章中，我們大致分析了清人與近人對板橋詩評的異同，以及形成差距的原因。知道板橋詩歌在不同時代不同標準的文學觀中，有許多爭議之處，個人試著在這些異同中找出比較客觀的評論。

平心而論，沒有一位藝術家的作品，能夠完全得到所有人的欣賞，屬於藝術創作之一的詩歌，當然也是如此。但是，且不管他人評論爲何，就從板橋詩歌本身來說，其淺俗的語言文字，雖經高妙的安排運用，但在以雅緻爲上的文人文學世界裏，的確缺少精蘊之美；而真摯的內容情感，雖是個人真性情的呈現，但在詩貴含蓄的要求中，不免太過直露，因之韻藉不足。

但是，他就是不管別人如何作想（即使想管也管不了），也不管當時文風流行爲何，只一心照著自己的意思、興致、表達方式，去創作他的詩歌。這種擺脫潮流限制的精神，使他成了守舊人士眼中的叛逆份子。不過，他這種反傳統求革新的文藝思想，並不是自己突然發明。其實，早在明代由袁宏道所領的公安派，已有反模擬、抒發性靈不拘格套、文必貴質的論見。而板橋最崇拜，甘爲其門下牛馬走的徐渭（即徐文長），也是一名反擬古反傳統，主張真性情的大將。他們都是板橋創新精神的啓發人。但他自己則是一位大膽的實踐者，之所以言其大膽，乃在於文字獄盛行之時，敢以直書真實感受加以批評，雖然有時不免有所顧慮，借用前朝爲掩飾，但立意甚明。不過最主要的大膽，還是在於他突破傳統的表現自我。

所以板橋的詩歌，反映了他的坦白率性、風流風趣、好義仁厚、自負孤高、自主創新；表現了他儒釋道合流的思想；浪漫的想像力；道盡了一生起起落落的經歷。這種從人貫串於詩歌的真實，使他的詩充滿了真氣、真意、真趣。事實上，板橋的詩歌可算是中國新舊詩歌間的橋樑。不過他是屬於走向橋頭的路口處，也就是以創新的精神，走著傳統的格式。而這種創新的精神，由龔自珍、姚燮一直延續到清末黃遵憲而至胡適，終於掀起驚天動地的詩界革命。

他的「新」，在今日相形之下，終究還是有落伍之處；但他的「真」，在新舊詩歌中卻不爲所變。所以說，這永恆不變的真，才是其真正價值所在。因此，我們在讀板橋歌時，首先要捐棄一些世俗的看法，再者要清楚他的環境背景，才能看得出其詩歌的獨特性。最重要的，是要卸下所有防衛與僞裝，用真實的心情、態度，進入板橋真情摯性的詩歌世界。那麼，我們將會發現也許他的詩文是粗淺了些，思想還是封建了些，但所呈現的一切卻是那麼人性化，便會愈發覺得其詩歌的可愛與可貴！

參考資料

一、書　籍

（一）鄭板橋專書

鄭板橋，《鄭板橋集》，四部刊要，集部・別集類，臺北：漢京文化事業有限公司，1981 年
鄭板橋，《鄭板橋集》，上海：上海古籍出版社，1986 年。

（二）史料評傳

《明史》（仁壽本），臺北：成文出版社，1971 年。
《清史》（仁壽本），臺北：成文出版社，1971 年。
《明清史研究論集》，臺北：大陸雜誌社，1969 年。
小橫香室主人，《清朝野史大觀》，臺北：台灣中華書局，1959 年。
弘文館編輯部，《明清歷史》，臺北：弘文館出版社，1985 年。
周駿富輯，《清史列傳》（清國史館原編），收於《清代傳記叢刊》，臺北：明文書局，1985 年。

清史稿校注編纂小組，《清史稿校注》，國史館印行，1991年。
孟森，《清代史》，臺北：正中書局，1990 年。
黃鴻壽，《清史記事本末》，臺北：三民書局 1973 年再版。
蕭一郎，《清代通史》，臺北：商務印書館，1961 年。
《揚州府志》（重修），臺北：成文出版社，1970 年。
《興化縣志》（重修），臺北：成文出版社，1970 年。
【清】李恆輯錄，《國朝耆獻類徵初編》，臺北：文海出版社，1968 年。
【清】徐珂著，《清裨類鈔》，〈藝術類〉（臺北：商務印書館，1983）
【清】葉衍蘭編，《清代學者象傳》，臺北：文海出版社，1969 年。
中國書畫研究資料社編，《畫史叢書》，臺北：文史哲出版社，1974 年。
王幻，《揚州八家畫傳》，臺北：藝文誌文化事業公司，1970年。
王幻，《鄭板橋評傳》，臺北：台灣商務印書館，1966 年。
王家誠，《中國文人畫家傳 — 鄭板橋傳》，臺北：巨流圖書公司，1974 年。
杜英穆編著，《名士鄭燮》，別傳叢書，臺北：名望出版社，1987 年。
沈賢愷，《鄭板橋研究》，臺北：新文豐出版公司，1988 年。
周千秋，《中國歷代創作畫家列傳》，臺北：藝術圖書公司，1973 年。

社編輯部，《藝林叢錄》，臺北：谷風出版社，1986 年。
郁愚，《鄭板橋外傳》，臺北：世界文物出版社，民國 1991 年。
盛叔清輯，《清代畫史》，臺北：廣文書局，1970 年。
陳春城編著，《歷代名作家傳》，臺北：河畔出版社，1989 年。
陳書良等，《中國文學藝術家傳記三十—難得糊塗鄭板橋》，臺北：莊嚴出版社，1991 年。
黃賓虹、鄧實編，《美術叢書》，臺北：藝文印書館，1947 年。
楊蔭深編著，《中國文學家列傳》，臺北：台灣中華書局，1984 年。
廖玉蕙選註，《一竿煙雨》，臺北：時報文化出版事業有限公司，1985 年。
蔡可園纂，《清代七百名人傳》，廣文書局，1936 年。

（三）詩文古籍

【清】丁福保編，《清詩話》，臺北：明倫出版社，1971 年。
【清】丁福保輯，《歷代詩話續編》，臺北：木鐸出版社，1988 年。
【清】金農，《冬心先生集》，臺北：台灣學生書局，1970 年。
【清】沈德潛選，《清詩別裁》，臺北：台灣商務印書館，

1956 年。
【清】袁枚，《隋園詩話》，臺北：長安出版社，1978 年。
【清】梁啓超，《清代學術概論》，臺北：台灣商印書館，1985 年。
【清】蔣寶齡撰、蔣先續，《墨林今話》，臺北：學海出版社，1975 年。

（四）近人專書

尹雪曼，《中國文學概論》，臺北：三民書局，1979 年。
方祖燊，《談詩錄》，臺北：東大圖書股份有限公司，1989 年。
王雲五主編，《詩經今註今譯》，臺北：台灣商務印書館，1987 年。
王夢鷗，《文學概論》，帕米爾書店，1964 年 9 月。
王夢鷗等，《中國文學的發展概述》，臺北：中央文物供應社，1982 年。
古遠清著，《詩歌分類學》，高雄：復文圖書出版社，1991 年 9 月。
艾治平，《古典詩詞藝術探幽》，臺北：木鐸出版社，1987 年初版。
朱謙之著，《老子校釋》，臺北：華正書局，1986 年。
何文煥訂，《歷代詩話》，臺北：台灣商務印書館，1959 年。
李曰剛，《中國詩歌流變史》，臺北：文津出版社，1987 年。
李致洙，《陸游詩研究》，臺北：文史哲出版社，1991 年。

李鍌等編著，《中國文學概論》，國立空中大學，1987 年。
周玉津編，《詩的作法與欣賞》，臺南：大夏出版社，1992 年。
周振甫，《詩文淺釋》，臺北：木鐸出版社，1987 年。
周振甫注，《文心雕龍》，劉勰著，臺北：里仁書局，1984 年。
周勛初，《中國文學批評小史》，臺北：嵩高書社，1985 年。
邱鎮京，《阮籍詠懷詩研究》，臺北：文津出版社，1980 年。
胡適，《胡適文存》，（臺北：遠東圖書公司，1953）。
俞琰輯，《歷代詠物詩選，》臺北：清流出版社，1976 年。
查慎行等編錄，《佩文齋詠物詩選》，臺北：廣文書局，1970 年。
袁行霈，《中國詩歌藝術研究》，臺北：五南圖書出版公司，1989 年。
馬宗霍編輯，《書林藻鑒》，臺北：台灣商務印書館，1982 年。
高明，《高明文學論叢》，臺北：黎明文化事業公司，1983 年。
張少康，《中國古代文學創作論》，臺北：文史哲出版社，1991 年。
張正體編著，《學詩門徑》，臺北：台灣學生書局，1983 年。
張健，《明清文學批評》，臺北：國家出版社，1983 年。
甯昌著述，《四書通釋》，臺北：中華倫理教育學會，1986 年。
郭紹虞，《清詩話續編》，臺北：木鐸出版社，1983 年。

陳祥耀，《中國古典詩歌叢話》，臺北：華正書局，1991 年。
傅庚生，《中國文學批評通論》，臺北：華正書局，1984 年。
程兆熊，《中國文話文論與詩學》，臺北：台灣學生書局，1980 年。
程兆熊，《文學與文心》，臺北：明文書局，1987 年。
黃勗吾，《詩詞曲叢譚》，香港！樂天出版社，1972 年。
黃盛雄，《李義山詩研究》，臺北：文史哲出版社，1987 年。
葉慶炳，《中國文學史》，臺北：學生書局，1989 年。
詹鍈，《文心雕龍的風格學》，臺北：木鐸出版社，1988 年。
《摛藻堂薈要（一）》 — 四庫全書提要，臺北：世界書局印行，1985 年。
劉大杰，《中國文學發展》史，臺北：華正書局，1986 年。
劉中和，《中國文學新論》，臺北：世界文物出版社，1979 年。
劉若愚原著、杜國清中譯，《中國詩學》，臺北：幼獅文化事業公司，1979 年。
劉衍文、劉永翔，《古典文學鑑賞論》，上海：上海文教出版社，1991 年。
劉萍，《文學概論》，臺北：華聯出版社，1974 年。
劉遠智，《陳子昂及其感遇詩研究》，臺北：文津出版社，1987 年。
蔡茂雄，《高青邱詩研究》，臺北：文津出版社，1987 年。
錢仲聯主編，《清詩紀事》，江蘇：江蘇古籍出版社，1989 年。

二、論　文

（一）碩士論文

衣若芬，《鄭板橋的題畫文學》，台大中文研究所，1990 年。
邱亮，《鄭板橋及其詩》，台大中文研究所，1971 年。
金亨美，《鄭板橋詩研究》，輔大中文研究所，1987 年。

（二）單篇論文

孔壽山，〈杜甫的題畫詩〉，收於《中國畫論》，臺北：駱駝出版杜。
勞榦，〈論神韻說與境界說〉，收於《中國文學評論》第二冊，劉守宜主編，臺北：聯經出版事業公司，1977 年。
徐復觀，〈中國文學中的氣的問題 — 文心雕龍風骨篇疏補〉，收於《中國文學論集》，臺北：台灣學生書局，1974 年。
曾永義，〈中國詩歌中的語言旋律〉，收於《文史論文集》，臺北：臺灣商務印書館，1985 年 6 月。
黃志民，〈人間詞話「境界」一詞含義之探討〉，收於《古典文學第五集》，中國古典文學研究會，台灣學生書局，1983 年。
黃景進，〈中國的社會詩〉，收於《中國詩歌研究》，羅宗濤等著，臺北：中央文物供應社，1985 年。

黃景進，〈中國詩中的寫實精神〉，收於《中國詩歌研究》，羅宗濤等著，臺北：中央文物供應社，1985 年。

三、期刊、報章

刁抱石，〈三絕詩人鄭板橋〉，《古今談》，一五三期，1978 年。

介庵，〈記詩書畫三絕的鄭板橋〉，《古今談》，四七期，1969 年 1 月。

王恢，〈鄭板橋的詩書畫〉，《人生》，八卷一二期，1954 年 11 月。

王幻，〈一代畫傑鄭板橋〉，《古今談》，五三期，1970 年 2 月。

王幻，〈一代畫傑・鄭板橋〉，《藝文誌》，五二期，1970 年 2 月。

王幻，〈鄭板橋少年情史與情詩〉，《藝文誌》，四五期，1969 年 6 月。

王幻，〈鄭板橋少年情史與情詩〉，《江蘇文物》，五期，1977 年 11 月。

王同書，〈江山如畫、民不聊生 — 談鄭板橋關於農民的詩作〉，《貴州省社會科學》，四二期，1986 年 6 月。

王杰謀，〈一代怪人鄭板橋軼事遺聞〉，《中國文選》，五七卷三期，1978 年 3 月。

王建生，〈鄭板橋生平考釋〉，《東海學報》，十七期，1976 年 6 月。

王英志，〈鄭板橋“直攄血性爲文章”說與〈沁園奉・恨〉〉，《徐州師範學院學報》，中國人民大學書報資料中心，1988 年。

王修功，〈讀板橋集札記〉，《自由青年》，三八卷三～四期，1967 年 8 月。

伍稼青，〈板橋集評介〉，《自由談》，十四卷一期，1963 年 1 月。

江帆，〈板橋身世〉，《建設》，十三卷九期，1965 年 2 月。

何勇仁，〈鄭板橋的詩書畫〉，《生力》，七四期，1973 年 11 月。

何勇仁，〈鄭板橋評傳〉，《新天地》，四卷八期，1965 年 10 月。

余我，〈鄭板橋思想的剖析〉，《出版月刊》，二四期，1967 年 5 月。

宋念祖，〈談鄭板橋〉，《中國文選》，一五期，1968 年 7 月。

李栖，〈鄭板橋的題畫詩〉，《藝文誌》，二零三期，1982 年 8 月。

李鍌，〈多情率真的鄭板橋〉，《中央月刊》，九卷三期，1977 年 1 月。

李鍌，〈率真風趣鄭板橋 — 三絕詩書畫、一官歸去來〉，《江蘇文物》，一期，1977 年 7 月。

杜若，三絕鄭板橋，《台肥月刊》，十七卷八期，1976 年 8 月。

杜負翁，〈揚州八怪漫談〉，《暢流》，三七卷八期，1968

年 6 月。
沈賢愷，〈鄭板橋詩詞賞析〉，《幼獅文藝》，三零九期，1979 年 9 月。
周宗盛，率真風趣的鄭板橋，《大華晚報》，1973 年 8 月 13 日。
怡之，〈讀鄭板橋詞試評〉，《中央日報》，1971 年 3 月。
易持恆，〈鄭板橋（名燮）自傳手稿〉，《中國文選》，四十卷六期，1969 年 11 月。
亮軒，〈舊板橋與新精神〉，《書評書目》，五五期，1971 年 11 月。
南湖，〈鄭板橋早年困頓〉，《中央日報》，1962 年 6 月。
柳絮，〈一代怪人鄭板橋〉，《中央日報》，1960 年 8 月。
唐潤鈿，〈三真三絕鄭板橋〉，《文壇》，一五七期，1973 年 7 月。
素存，〈鄭板橋一詩罷官〉，《中央日報》，1957 年 4 月。
高拜石，〈鄭板橋的三絕〉，《海外文摘》，三七零期，1978 年 12 月。
康年，〈也談鄭板橋其人〉，《大華晚報》，1976 年 8 月。
戚人鳳，〈鄭板橋三絕〉，《中國文選》，三四期，1970 年 2 月。
戚宜君，〈鄭板橋逸事〉，《江蘇文物》，七期，1978 年 1 月。
梁若容，〈鄭板橋和袁枚〉，《中央日報》，1965 年 3 月。
陳幸蕙，〈任爾東西南北風 — 記一個心靈自由的人鄭板橋〉，《國文天地》，七卷十二期，1992 年 5 月。

陳橋，〈傳統裡的反傳統 — 談談鄭板橋的藝術思想〉，《文星》，十六卷七期，1965 年 11 月。
陶一經，〈鄭板橋及其風格〉，《台灣新生報》，1948 年 6 月。
陸家驥，〈鄭板橋的七歌〉，《江蘇文物》，二卷五期，1978 年 11 月。
雪茵，〈鄭板橋的詩和詞〉，《暢流》，四五卷二一期，1972 年 8 月。
景唐，〈清逸奇高的鄭板橋〉，《生力》，五二期，1972 年 1 月。
馮夫，〈風骨嶙峋的讀書人〉，《大華晚報》，1976 年 5 月。
黃勛吾，〈鄭板橋的生平及其藝術創作〉，《文物彙刊》，一期，1972 年 6 月。
趙慧文，〈鄭板橋詞淺論〉，《蘇州大學學報》，中國人民大學書報資料中心，1986 年 3 月。
歐陽振夏，〈鄭板橋詞試評〉，《中央日報》，1971 年 3 月。
瘦鶴，〈鄭板橋藝文風趣談〉，《古今談》，六一期，1970 年 10 月。
瘦鶴，〈再談鄭板橋〉，《江蘇文物》，十期，1978 年 4 月。
樸人，〈風流風趣說板橋〉，《自由談》，二二卷二期，1971 年 2 月。
濤南，〈鄭板橋的三絕：詩、書、畫〉，《大華晚報》，1970 年 8 月。
魏紹徵，〈宅心仁厚的鄭板橋〉，《中國文選》，四四卷七期，1971 年 11 月。
懷萱，〈鄭板橋其人及其三絕〉，《人生》，三十卷十期，

1966 年 2 月。
羅石補，〈鄭板橋奇文奇行〉，《江蘇文物》，三卷二—三期，1979 年 9 月。
羅家倫，〈漫談鄭板橋〉，《晨光》，一卷三期，1953 年 5 月。
譚浩，〈鄭燮的詩詞欣賞〉，《暢流》，三八卷三期，1968 年 9 月。
覺堂，〈鄭板橋奇行奇事〉，《台灣新生報》，1970 年 8 月。